ロシア語の教科書
УЧЕБНИК РУССКОГО ЯЗЫКА

第2版
2-е издание

古賀義顕・鴻野わか菜
Кога Йосиаки и Коно Вакана

アンナ・パーニナ　ロシア語校閲
в соавторстве с А. С. Паниной

ナウカ出版

挿画　V.G.Alekseev
装丁　古賀義顕

まえがき

本書を手にとられた方には様々な動機があるかと思います。ロシアの人々に身近に接したり，ロシアの文学やバレエや音楽などに触れてロシアの文化に興味をもち，さらに深く理解するためにロシア語を学びたい，という方もいるでしょうし，いやロシアに特別な関心があるわけではないけれど，都合上どうしても必要なので，話せなくてもいいから，とにかくロシア語の文章が読めるようにしなければいけない，それも短期間で，という差しせまった動機をお持ちの方もいることでしょう。本書はそうしたいずれの場合にも不可欠の，ロシア語を使うために必要な知識を最小のサイズで提供することを目的とした教科書・自習書です。

　他のヨーロッパの言語と比べると，なるほどロシア語はそれほど"とっつきやすい"言語ではなく，本書の学習にもそれなりの根気が必要ですが，Тише едешь, дальше будешь（急がば回れ）．本書を一冊やりとげる頃には，上の目的が達成されていることを確かな手応えとともに実感することでしょう。本書が，ロシアに暮らす人々とその文化をより深く理解するためのささやかな一助となれば，著者としてこれにまさる喜びはありません。

　　2011 年 10 月

著者

第 2 版刊行によせて

本書『ロシア語の教科書』は 2012 年に初版が刊行され，幸いに 3 刷まで増刷されました。増刷のたびに誤記誤植の訂正につとめてきましたが，このたび，練習問題とコラムを改変したほか，随所で細部の語句・表現を改めたのを機に「第 2 版」としました。著者の意図をより完全なかたちで伝えるこの第 2 版をこうしてお届けできるのは，温かいご理解をもって初版を迎えてくださった皆さまのおかげです。この場をかりてお礼申しあげます。今後も本書がロシア語にはじめて触れる方々の役に立つものとなるよう願っています。

　　2016 年 10 月

著者

本書の構成（ぜひご一読ください）

本書は全20課の教科書で，各課は4ページで構成されています。最初の見開きの左ページには本文（テクスト）が，右ページには新出単語と本文の和訳が掲げてあり，つぎの見開きでは，本文に含まれている文法事項が解説されています。2課ごとの配置になってはいますが，学習事項の確認のために各課に練習問題を設けました。

本文と解説　本文は一貫して以下の登場人物たちによる会話やモノローグ，情景描写などで構成されています：イーゴリ Игорь（ロシア語の先生），ニーナ Нина（その妻），ユーラ Юра（その息子），アーニャ Áня（その娘），イワン Иван（その義父），文夫 Фýмио（日本人の留学生），美紀 Мúки（同），サーシャ Сáша（大学生），オーリャ Óля（同），ターニャ Тáня（同）。

　本文には各課で学ぶ文法事項がすべて織りこまれ，どのセンテンスもその場面にふさわしい語彙と語順による自然な表現で構成されていますので，安心してそのまま使うことができます。和訳からロシア語に直すなどの練習にもご活用ください。学習の進め方としては，各課の本文をじっくり読み進めながら，本文に新しい文法事項が出てくるたびに当該事項を解説で確認していく，という進め方や，また逆に，各課の単語と文法解説を先にすべて確認してから，まとめの意味で本文を読む，という進め方も可能でしょう。解説を読む際には巻末の「文法表」をこまめに参照するようにし，そのつど印を付けるなどしてご利用ください。

練習問題　各課にはおなじ番号の練習問題がついています。該当する問題を解きながら文法解説を読んでいけば，おのずから文法の理解が深まるように配慮しました。練習問題をとばしても先に進めますので，1課から20課まで，とりあえず各課を通読し，全体を見わたした後で練習問題にとりくむ，という使い方もできます。練習問題もまた暗記に適した実用的な例文を中心に表現の幅が広がるように構成しました。

単語　1課ごとに平均40個の語句があらたに出てくるようにし，練習問題にも200ほどの新出語句を使いました。本書で用いた約1000の単語は，ほとんどがきわめて頻度の高い重要語で，そのすべてを巻末の「単語集」に掲げてありますので，これを「基本単語集1000」としてご活用いただければ，本書の学習に辞書が必要になることはありません。もちろん辞書を引くことは語学の基本ですが，まずは1000語の形と意味を，着実に，そしてやみくもに覚えてしまうよう注力されることをお勧めします。今後ロシア語を学んでいく上で，1000という語彙数は入門レベルで覚えるいわば助走のための単語の数として必要十分でしょう。

授業での活用　本書を授業で使用する場合はとくに，最初の数課をごくゆっくりと時間をかけて進めることをお勧めします。最初はなかなかはかどらなくても，慣れるにしたがいペースも上がってくるはずです（新出単語の意味と発音の確認を宿題とするのも一案です）。週2回の演習なら，本書だけで2年間（初級・中級）の指導内容をカバーできるはずです。本書を終える頃には，まとまった文章を読む準備ができていますので，辞書を用いた講読や会話の演習へと難なく移行できるでしょう。なお本書の11課までに学ぶ文法項目は，ロシア語能力検定試験（ロシア語能力検定委員会主催）の4級で扱

われる文法項目をほぼ網羅しています。学習の目安としてご参考まで申し添えます。

CD　本書にはCDが付属しています。CDのトラック番号は〖♪〗で記してあります。百読は一聞にしかず。ロシア語のネイティヴの発音と自分の発音をつねに照らし合わせるようにしてください。

謝辞

ロシア語の校閲をお願いしたロシア科学アカデミー東洋学研究所のアンナ・パーニナ氏にはじつに多くの助言を仰ぎました。制約の多い本文に自然な現代ロシア語の表現と文法の要を盛りこむことができたのは，滞日中のパーニナ氏と徹底的に検討を重ねた結果です。またCDでお聞きいただく標準語の生き生きした発音は畏友ゾーヤ・エフィーモワ氏とニキータ・シュリガ氏御夫妻によるものです。Авторы приносят искреннюю благодарность Анне Паниной за сотрудничество в подготовке и проверке текстов, Зое Ефимовой и Никите Шульге за озвучивание аудиоматериалов．さらに，著者にとって思い出ぶかい挿画の転用を快諾くださったウラジーミル・アレクセーエフ画伯Владимир Георгиевич Алексеев，原稿に目を通し，貴重なご指摘を賜った久野康彦氏，また本書の刊行にご尽力くださったナウカ出版の宮本立江氏と紙谷直機氏にも心よりお礼申し上げます。むろん本書のいかなる不備も責任は著者にあり，読者の皆様には，お気づきの点をご指摘いただければ幸いです。本書の作成に際しては，下に掲げる優れた語学書・辞典を参照しました。特に記して謝意を表します。

『新ロシア語文典』プリキナ／ザハワ＝ネクラソワ著，稲垣兼一・初瀬和彦訳，吾妻書房 (1968年)
『必携ロシア語変化総まとめ』オルドジフ・レシュカ／ヨゼフ・ベセリー著，千野栄一・金指久美子編訳，白水社 (1993年)
『NHK新ロシア語入門』佐藤純一著，NHK出版 (1994年)
『CDエクスプレス ロシア語』桑野隆著，白水社 (2002年)
『CDエクスプレス ポーランド語』石井哲士朗著，白水社 (2003年)
『三訂版　入門者および初級者のためのロシア語文法ハンドブック』寺田吉孝著，アーバンプロ出版センター (2012年)

Пехливанова К. И., Лебедева М. Н. *Грамматика русского языка в иллюстрациях*. 7-е изд. Москва: Русский язык, 2000.

Ляшевская О. Н., Шаров С. А. *Частотный словарь современного русского языка*. Москва: Азбуковник, 2009.

John Dunn and Shamil Khairov. *Modern Russian Grammar. A Practical Guide*. New York: Routledge, 2009.

目　次

まえがき ････････････････････････ iii
本書の構成 ･･･････････････････････ iv
アルファベット ････････････････････ 1

文字と発音 ･･･････････････････････ 3
0.0 はじめに ････････････････････ 3
0.1 アルファベット ･････････････ 3
0.2 母音文字 (1) ･･･････････････ 3
0.3 半母音文字 ････････････････ 3
0.4 子音文字 (1) ･･･････････････ 4
0.5 アクセント ････････････････ 5
0.6 母音の弱化 (1) ･････････････ 6
0.7 子音文字 (2) ･･･････････････ 6
0.8 母音文字 (2) ･･･････････････ 6
0.9 硬母音字と軟母音字 ･････････ 7
0.10 子音文字 (3) ･･････････････ 7
0.11 硬子音と軟子音 ･･･････････ 7
0.12 母音の弱化 (2) ････････････ 8
0.13 ъ と ь ･･････････････････ 8
0.14 子音の同化 ･･･････････････ 9
0.15 音節の発音 ･･･････････････ 13
0.16 正書法の規則 ･････････････ 10

筆記体の書きかた ･･････････････････ 12
参考　かな転写法 (ポリヴァーノフ式) ････ 13

УРОК 1 ･････････････････････････ 14
1.1 「A は B です」･････････････ 16
1.2 вот と а の用法 ･･･････････ 16
1.3 「…はどこですか」の表現と疑問詞の位置 ････････････ 16
1.4 「A ですか，それとも B ですか」の表現 ･････････････ 16
1.5 人名のしくみ ･･････････････ 16
1.6 名前のたずねかたと答えかた ････ 17

УРОК 2 ･････････････････････････ 18
2.1 人称代名詞 ････････････････ 20
2.2 第 1 変化動詞 ･･････････････ 20
2.3 否定文のつくりかた ･････････ 20
2.4 疑問文のつくりかた (1) ･･････ 21
2.5 кто の意味 (1) ･････････････ 21
2.6 接続詞 что (…ということ) ････ 21
2.7 名と愛称 ･･････････････････ 21

Упражнения 練習問題 1 ･････････････ 22
Упражнения 2 ････････････････････ 23

УРОК 3 ･････････････････････････ 24
3.1 名詞の性 ･･････････････････ 26
3.2 疑問詞 чей と所有代名詞 ･････ 26
3.3 形容詞の性数変化 (1) ････････ 27
3.4 指示代名詞 этот と тот ･･････ 27
3.5 кто の意味 (2) ･････････････ 27
3.6 「なら…は？」の語順とイントネーション ･･････････････ 27

УРОК 4 ･････････････････････････ 28
4.1 名詞の複数形 ･･････････････ 30
4.2 形容詞の性数変化 (2) ････････ 30
4.3 名詞類の格 ････････････････ 30
4.4 前置格 ････････････････････ 31
4.5 前置詞 в/на と場所の表現 ････ 31
4.6 特殊変化：овать 動詞 ･･･････ 31

Упражнения 3 ････････････････････ 32
Упражнения 4 ････････････････････ 33

УРОК 5 ･････････････････････････ 34
5.1 第 2 変化動詞 ･･････････････ 36
5.2 対格 ･･････････････････････ 36
5.3 形容詞の性数変化 (3) ････････ 37
5.4 不規則動詞 хоте́ть ･･････････ 37
5.5 動詞 писа́ть ･･･････････････ 37
5.6 名詞の省略 ････････････････ 37
5.7 語順 ･･････････････････････ 37

УРОК 6 ･････････････････････････ 38
6.1 生格 ･･････････････････････ 40

6.2	前置詞 у と所有の表現	40
6.3	疑問文のつくりかた（2）	41
6.4	定代名詞 весь	41
6.5	名詞として使われる形容詞	41
6.6	у（人）в/на…の表現	41

Упражнения 5 · · · · · · · · · · · · · · · · · · 42
Упражнения 6 · · · · · · · · · · · · · · · · · · 43

УРОК 7 · 44

7.1	СЯ 動詞	46
7.2	動詞の過去形	46
7.3	形容詞の短語尾形	46
7.4	特殊変化：авать 動詞と нуть 動詞	47
7.5	動詞 звать	47

УРОК 8 · 48

8.1	与格と間接目的語	50
8.2	нрáвиться の用法	50
8.3	不定代名詞 -нибудь/-то	50
8.4	助動詞 мочь	51
8.5	無人称述語 нáдо	51
8.6	-ý に終わる前置格語尾	51
8.7	動詞 сказáть と растú	51

Упражнения 7 · · · · · · · · · · · · · · · · · · 52
Упражнения 8 · · · · · · · · · · · · · · · · · · 53

УРОК 9 · 54

9.1	быть と動詞の未来形	56
9.2	無人称文	56
9.3	形容詞短語尾中性形のまとめ	56
9.4	疑問詞＋不定形	56
9.5	従属節を代表する то	57
9.6	数量の生格	57
9.7	特殊変化：唇音変化と歯音変化	57
9.8	動詞 жить	57

УРОК 10 · 58

10.1	命令形	60
10.2	動詞 болéть	60
10.3	否定生格	60
10.4	全否定の表現	61
10.5	再帰代名詞 себя́	61
10.6	дочь（娘）の変化	61
10.7	不規則動詞 есть と откры́ть	61

Упражнения 9 · · · · · · · · · · · · · · · · · · 62
Упражнения 10 · · · · · · · · · · · · · · · · · 63

УРОК 11 · 64

11.1	造格	66
11.2	述語の造格	66
11.3	мы с женóй の表現	66
11.4	変化しない名詞	66
11.5	目的地・起点を表す副詞句	67
11.6	定動詞・不定動詞（1）	67

УРОК 12 · 68

12.1	定動詞・不定動詞（2）	70
12.2	完了体と不完了体	70
12.3	体のペア	70
12.4	体の用法	70
12.5	完了体未来	71
12.6	活動体名詞の対格	71
12.7	接続詞 как（…するようす）	71

Упражнения 11 · · · · · · · · · · · · · · · · · 72
Упражнения 12 · · · · · · · · · · · · · · · · · 73

УРОК 13 · 74

13.1	関係代名詞（1）котóрый	76
13.2	形容詞・副詞の比較級	76
13.3	比較の対象の表し方	77
13.4	形容詞・副詞の最上級	77
13.5	動詞 начáть	77

УРОК 14 · 78

14.1	個数詞と名詞句の結合	80
14.2	年齢の表現と скóлько の用法	80
14.3	値段の表現と対格	80
14.4	時刻の表現（1）	80
14.5	集合数詞	81
14.6	不定詞の用法	81
14.7	動詞 брать と взять	81

Упражнения 13		82
Упражнения 14		83

УРОК 15 ··· 84
- **15.1** 不定人称文 ··· 86
- **15.2** 仮定法（1）··· 86
- **15.3** 接続詞 чтóбы ··· 86
- **15.4** 移動動詞の派生 ··· 86
- **15.5** 接頭辞 по- の用法 ··· 87
- **15.6** 前置詞 по（＋与格）の用法 ··· 87
- **15.7** 時の表現（1）：…曜日に ··· 87

УРОК 16 ··· 88
- **16.1** 関係副詞 где, кудá, когдá ··· 90
- **16.2** 関係代名詞（2）кто, что ··· 90
- **16.3** 勧誘法「…しましょう」··· 90
- **16.4** 「…すべき…がない」の表現 ··· 90
- **16.5** 時の表現（2）：日付のたずねかた ··· 91
- **16.6** 時の表現（3）：…月に ··· 91

Упражнения 15		92
Упражнения 16		93

УРОК 17 ··· 94
- **17.1** 相互代名詞 друг дрýга ··· 96
- **17.2** 述語生格 ··· 96
- **17.3** 仮定法（2）··· 96
- **17.4** 一般2人称 ··· 96
- **17.5** 無人称動詞 ··· 96
- **17.6** 定動詞・不定動詞（3）··· 97
- **17.7** 再帰所有代名詞 свой ··· 97

УРОК 18 ··· 98
- **18.1** 不完了体副動詞 ··· 100
- **18.2** 完了体副動詞 ··· 100
- **18.3** 能動形動詞現在 ··· 100
- **18.4** 受動形動詞現在 ··· 101
- **18.5** 完了体・不完了体の派生 ··· 101

Упражнения 17		102
Упражнения 18		103

УРОК 19 ··· 104
- **19.1** 時刻の表現（2）··· 106
- **19.2** 概数 ··· 106
- **19.3** 姓の格変化 ··· 106
- **19.4** 接続詞 так と相関語句 ··· 107
- **19.5** 「おなじ」と「ちがう」··· 107
- **19.6** 姿勢の状態と動作 ··· 107

УРОК 20 ··· 108
- **20.1** 受動形動詞過去 ··· 110
- **20.2** 受動相 ··· 110
- **20.3** 能動形動詞過去 ··· 110
- **20.4** 間接命令法 ··· 111
- **20.5** 定代名詞 сам ··· 111
- **20.6** 特殊変化：ять 動詞 ··· 111

Упражнения 19		112
Упражнения 20		113

文法表		114
練習問題の解答		135
単語集		141

語法メモ
- （1）日常の挨拶 ··· 22
- （2）как を使った便利な表現 ··· 31
- （3）よく使う命令形 ··· 63
- （4）所有形容詞 ··· 93
- （5）挨拶と祝辞の語法 ··· 103
- （6）新しい呼格 ··· 111

コラム
- 早口ことば ··· 10
- ロシアの基本データ ··· 17
- ロシア語とは ··· 19
- よくあるロシアの姓 ··· 23
- ロシアのマスコット ··· 35
- サモワール ··· 39
- ダーチャとは ··· 45
- キノコの文化 ··· 49
- ロシアと南方 ··· 55
- ロシアの学校 ··· 65
- 黄金の環 ··· 71
- ロシアの祝祭日とタチヤーナの日 ··· 91
- マースレニツァと復活大祭 ··· 99

アルファベット

[♪：1]

	活字体				筆記体		名　称		音価
	立　体		斜　体						
1	А	а	*А*	*а*	𝒜	𝑎	a	アー	[a]
2	Б	б	*Б*	*б*	𝓑	𝑏	bɛ	ベー	[b]
3	В	в	*В*	*в*	𝓥	𝑣	vɛ	ヴェー	[v]
4	Г	г	*Г*	*г*	𝓖	𝑔	gɛ	ゲー	[g]
5	Д	д	*Д*	*д*	𝓓	𝑑	dɛ	デー	[d]
6	Е	е	*Е*	*е*	𝓔	𝑒	je	イェー	[je]
7	Ё	ё	*Ё*	*ё*	𝓔̈	𝑒̈	jo	ヨー	[jo]
8	Ж	ж	*Ж*	*ж*	𝓦	𝑤	ʒɛ	ジェー	[ʒ]
9	З	з	*З*	*з*	𝒵	𝓏	zɛ	ゼー	[z]
10	И	и	*И*	*и*	𝒰	𝓊	i	イー	[i]
11	Й	й	*Й*	*й*	𝒰̆	𝓊̆	ikrátkəjə 短いイー		[j]
12	К	к	*К*	*к*	𝒦	𝓀	ka	カー	[k]
13	Л	л	*Л*	*л*	ℒ	𝓁	ɛlʲ	エリ	[l]
14	М	м	*М*	*м*	ℳ	𝓂	ɛm	エム	[m]
15	Н	н	*Н*	*н*	𝓗	𝓷	ɛn	エヌ	[n]
16	О	о	*О*	*о*	𝒪	𝑜	o	オー	[o]
17	П	п	*П*	*п*	𝒯𝒯	𝓃	pɛ	ペー	[p]
18	Р	р	*Р*	*р*	𝒫	𝓅	ɛr	エル	[r]
19	С	с	*С*	*с*	𝒞	𝒸	ɛs	エス	[s]
20	Т	т	*Т*	*т*	𝒯	𝓂	tɛ	テー	[t]
21	У	у	*У*	*у*	𝒴	𝓎	u	ウー	[u]
22	Ф	ф	*Ф*	*ф*	𝓕	𝓯	ɛf	エフ	[f]

23	Х	х	*Х*	*х*	𝒳	𝓍	xa	ハー	[x]
24	Ц	ц	*Ц*	*ц*	𝒰	𝓊	t͡sɛ	ツェー	[t͡s]
25	Ч	ч	*Ч*	*ч*	𝒰	𝓇	t͡ʃʲɛ	チェー	[t͡ʃʲ]
26	Ш	ш	*Ш*	*ш*	𝒰𝓁	𝓌	ʃa	シャー	[ʃ]
27	Щ	щ	*Щ*	*щ*	𝒰𝓏	𝓌𝓏	ɕ͡ɕa	シシャー	[ɕ͡ɕ]
28	Ъ	ъ	*Ъ*	*ъ*		ɞ	tvʲórdɨj znak 硬音記号	—	
29	Ы	ы	*Ы*	*ы*		ы	ɨ	ウィ	[ɨ]
30	Ь	ь	*Ь*	*ь*		ɞ	mʲáxkʲij znak 軟音記号	—	
31	Э	э	*Э*	*э*	𝒟	𝒹	ɛ	エー	[ɛ]
32	Ю	ю	*Ю*	*ю*	𝒩	𝓊	ju	ユー	[ju]
33	Я	я	*Я*	*я*	𝒴	𝓎	ja	ヤー	[ja]

文字と発音

0.0　はじめに
ロシア語で使われている文字はキリル文字という文字体系の一種で，ギリシャ文字に似た文字やまったく見慣れない文字が混在していますが，基本的に1文字1音の対応によるアルファベットですので，ひとつひとつの文字と発音を覚え，アクセントといくつかの規則を習得してしまえば，原理的にはすぐにでもロシア語の文を音読できるようにできています。まずはそれぞれの文字の名前と，それらが表す音をきちんと覚えることがロシア語への第一歩です。

0.1　アルファベット
ロシア語のアルファベットは33文字からなり，そのうちの10個が母音または母音を含む音節を表す文字，21個が子音を表す文字，残る2つは子音の特徴を表す記号文字です。各文字には大文字と小文字があり，字体には，印刷用の活字体と，おもに手書きに用いられる筆記体があります。活字体には立体と斜体があります。それぞれの文字には名称があり，そこには各文字が表す代表的な発音（音価）が含まれています。

　以下では，国際音声字母による簡略表記と精密表記を適宜使いわけながら文字と発音を解説しますが，音声表記そのものは重要ではありませんので，煩瑣なら無視してかまいません。また発音の例として挙げた単語も，いまは覚える必要はありません。解説と録音を照らし合わせて，音を聞きわけ，発音しわけることが最優先です。

0.2　母音文字 (1)　　　　　　　　　　　　　　　　　　　　　　　　〚♪ : 2〛
А а（アー）　　はっきりと発音した日本語の「ア」: [a]
О о（オー）　　舌の奥を後ろに引き，口をすぼめ気味にして発音した「オ」: [o]
У у（ウー）　　舌の奥を高く後ろに引き，口をすぼめ気味にして発音した「ウ」: [u]。「オ」に近く響くことがあります。
Ы ы（ウィ）　　日本語の「イ」と「ウ」の中間点で発音される単一の母音: [ɨ]。日本語の「イ」と「ウ」を発音する際の舌の位置を（声を出さずに）意識してみると，「イ」では舌の前面が，「ウ」では舌の奥の面が，それぞれ高く持ち上がっているのがわかります。[ɨ] は「イ」よりも後ろ，「ウ」よりも前で発音する母音です。「ウイ」のような2音節にならないように。
Э э（エー）　　はっきりと発音した日本語の「エ」: [ɛ]

　★これら5つの母音字を**硬母音字**と呼びます。

0.3　半母音文字　　　　　　　　　　　　　　　　　　　　　　　　〚♪ : 3〛
短い「イ」[j] を表す半母音文字 Й й は母音字の直後にたち，その母音を二重母音にします。話者によっては，これらの二重母音の末尾が語末で，弱い「ヒ」に似た擦（こす）れる子音として聞こえることがあります。

　　　　　　　　　　ай　　ой　　уй　　ый　　эй

0.4 子音文字（1）　　　　　　　　　　　　　　　　　　　　〚♪:4〛

ロシア語の子音は声（声帯の振動）をともなわない無声子音と声をともなう有声子音とに分かれます。

П п（ペー）　　日本語の「パ」の最初の無声子音：［p］
Б б（ベー）　　日本語の「バ」の最初の有声子音：［b］
Т т（テー）　　日本語の「タ」の最初の無声子音：［t］
Д д（デー）　　日本語の「ダ」の最初の有声子音：［d］
К к（カー）　　日本語の「カ」の最初の無声子音：［k］
Г г（ゲー）　　日本語の「ガ」の最初の有声子音：［g］

これら6つの子音は発音よりもむしろ字体に注意が必要です。大文字と小文字，立体と斜体，活字体と筆記体のそれぞれの形のちがいにじゅうぶん気をつけてください。

★筆記体の書き方については12頁の「筆記体の書き方」をご覧ください。

	活字体				筆記体	
	立体		斜体			
П	п	П	п	𝒫	n	
Б	б	Б	б	ℬ	б	
Т	т	Т	m	𝒯	m	
Д	д	Д	∂	𝒟	g	
К	к	К	к	𝒦	к	
Г	г	Г	г	𝒢	г	

да　　はい；そうです　　та　　あの（指示代名詞）　　тот　　あの（指示代名詞別形）
как　どのように　　　　так　そのように；それでは　　ты　　きみは
кто　誰が　　　　　　　то　　あの（指示代名詞別形）

　　　　　　　　　　　＊　　　＊　　　＊

〚♪:5〛

Ф ф（エフ）　　上の前歯と下唇の内側のすきまに息をとおす無声子音：［f］
В в（ヴェー）　Ф ф とおなじ口の構えで発音する有声子音：［v］。英語の［v］よりも息の擦れが弱く，しばしば日本語で（「ヴァ」や「ヴォ」ではなく）「ワ」や「ウォ」などと転写される音です。
С с（エス）　　日本語の「サ」の最初の無声子音：［s］
З з（ゼー）　　С с とおなじ舌の構えで発音する有声子音：［z］。日本語では母音と母音の間（アザ［aza］）で聞こえます。日本語の語頭の「ザ」（雑誌）のように舌端が歯茎に触れる［d͡z］にならないようにしましょう。
Х х（ハー）　　日本語の「ク」を発音する位置に息をとおして発音する無声子音：［x］。自分だけに

聞こえるように日本語の「ク」の子音部分をスローモーションのようにゆっくり発音し，そのまま舌と上あごの間の狭いすきまを保って息を吐き続けると，そのすきまから「フゥー」という乾いた響きのＸｘの子音が聞こえます。日本語のハ行の子音とは大きく異なります。

вот	ほらこれ（あれ）が	за	…の後ろに	твой	きみの
вы	あなたは	свой	自分の	факт	事実
два	2	суп	スープ	вздох	ため息

*　　*　　*

[♪:6]

М м（エム）　　日本語の「マ」の最初の有声子音：[m]
Н н（エヌ）　　日本語の「ナ」の最初の有声子音：[n]。語末でも舌先を歯茎に付けて発音し，けっして日本語の語末の「ン」のようにはなりません。

вам	あなたに	мной	私によって	он	彼は
дом	家	мы	私たちは	сон	眠り；夢
май	5月	нам	私たちに	сын	息子

0.5　アクセント

アクセントのある音節の母音は，他の母音とくらべてやや強く長めに発音されます（強いだけでも長いだけでもいけません）。ロシア語ではアクセントの位置は単語ごとに異なり，また同一の単語でも語形の変化に応じてアクセントの位置が変わることがあります。アクセントの有無と位置は母音の発音だけでなく単語の意味にも影響しますので，単語を覚える際には，綴りとともにアクセントの位置を覚えることが不可欠です。

　本書ではアクセントのある音節の母音に強勢記号（´）をつけます。慣習的に1音節の単語には強勢記号をつけませんが，特に「無アクセント」と記す場合以外はアクセントがあります。なお，教科書や辞書以外では原則としてアクセントは表記されません。

[♪:7]

1音節	´—	да	はい
		твой	きみの
2音節	´— —	ма́ма	お母さん
		до́ма	家で
		а́вгуст	8月
	— ´—	како́й	どのような
		куда́	どこへ
3音節	´— — —	ко́мната	部屋
		му́зыка	音楽
	— ´— —	бума́га	紙
	— — ´—	музыка́нт	ミュージシャン

0.6 母音の弱化 (1) 〚♪:8〛

アクセントのないoはaとして発音します。

      окно́ ([a]кно́) 窓

      вода́ (в[a]да́) 水

      когда́ (к[a]гда́) いつ

アクセントをもたない前置詞が名詞と結合し，ひと続きに発音される場合にも弱化が起こります。

      о но́вом ([a]но́в[a]м) 新しいものについて

      со мно́й (с[a]мно́й) 私といっしょに

★前置詞と助詞は，強勢記号がついている場合以外は無アクセントです。

0.7 子音文字 (2) 〚♪:9〛

Р р（エル）　巻き舌の「ル」：[r]。息の勢いで舌先をパタパタと2〜3回震わせて発音する有声子音。

Л л（エリ）　舌先を上前歯の付け根につけて舌の両脇にすきまをつくり，声を出しながら舌先を離す有声子音：[l]。英語の語末のL (*feel*) とおなじく，舌の奥が「ウ」を発音するときのように持ちあがり，やや暗い音色（[ɫ]）になるのが特徴的です。なお，この字母の名称の子音を発音する際は，「イ」を発音するときのように前舌面が持ちあがり，「エリ」のように聞こえます（**0.11**）。

   глаза́ 目（複）　　рабо́та 仕事　　со́рок 40

   двор 庭　　　　　ры́ба 魚　　　　стол テーブル

   молоко́ ミルク　　сло́во 単語

0.8 母音文字 (2) 〚♪:10〛

Я я（ヤー）　はっきりと発音した日本語の「ヤ」：[ja]

Ё ё（ヨー）　舌を奥に引き，口をすぼめ気味にして発音した「ヨ」：[jo]。この母音にはつねにアクセントがあります。この母音字の現れる位置は多くの場合予測できるので，学習書や辞書以外では上の点（¨）がしばしば省略され，外見上，下のЕ е（イェー）と区別がなくなります。

Ю ю（ユー）　舌を高く引き，口をすぼめ気味にして発音した「ユ」：[ju]

И и（イー）　はっきりと発音した日本語の「イ」：[i]

Е е（イェー）　はっきりと発音した日本語の「イェ」：[je]

★この5つの母音字を**軟母音字**と呼びます。

上の軟母音字の直後にЙ йがくると，やはり二重母音になります。

      яй　　ёй　　юй　　ий　　ей

   ита́к それでは　　ел 食べた　　　　Ю́рий ユーリー（男性名）

   ей 彼女に　　　　ёлка モミの木　　я 私は

0.9 硬母音字と軟母音字

硬母音字と軟母音字は次のようにペアをなしています。硬母音字に短いイ [j] を冠して発音したものが軟母音字になります（ы と и の対応については別途専門的な解説が必要ですが，ここでは立ち入りません）。この対応関係は語形の変化においても重要な意味を持ちます。

硬母音字	а	о	у	ы	э
軟母音字	я	ё	ю	и	е

0.10 子音文字 (3)   [♪:11]

Ш ш (シャー)　舌の先端と歯茎のすきまに息をとおす無声子音：[ʃ]。舌端のへりをつかう英語の [ʃ] (*shop*) とは響きが異なります。

Ж ж (ジェー)　Ш ш とおなじ舌の構えで発音する有声子音：[ʒ]。舌を歯茎につけると [dʒ] (砂利) のようになりますので注意しましょう。

Ч ч (チェー)　舌の端と歯茎の後部のあいだで発音する「チ」の最初の無声子音：[t͡ʃ]。歯の裏をつかう日本語の「チ」の子音よりもやや奥で発音します。

Щ щ (シシャー)　舌の端と上あごの前面のすきまに息をとおす鋭い無声子音：[ɕɕ]。Ш ш と異なり，舌の前面が上あごに沿って持ちあがっています。単一の子音ですが，子音ふたつ分の長さで発音する点が特徴的で，日本語の「シーッ！（静かに）」の子音にほぼ等しい子音です。

Ц ц (ツェー)　日本語の「ツ」の最初の無声子音：[t͡s]

врач 医者	конце́рт コンサート	шу́мно 騒がしい
жа́рко 暑い	о́вощи 野菜	цирк サーカス
журна́л 雑誌	шко́ла 学校	чай 紅茶

0.11 硬子音と軟子音

子音文字 (ж, ц, ш を除く) は次の場合に，「イ」を発音するときのように，舌の面を上あご (硬口蓋) に持ちあげて発音します：

(1) 軟母音字の直前に書かれているとき
(2) 軟音記号 ь の前に書かれているとき

イのような音色を帯びたこれらの子音を**軟子音**と呼び，発音記号では基本的に [mʲ], [nʲ] のように子音の右肩に j (ヨット) をつけて表します。子音 м を例にとると：

(1) мя, мё, мю, ми, ме はそれぞれミャ [mʲa], ミョ [mʲo], ミュ [mʲu], ミ [mʲi], ミェ [mʲe] と発音されます。
(2) мь は [mʲ] と発音されます（[mʲa], [mʲo]... は мьа, мьо... ではなく мя, мё... と綴るきまりです）。
軟子音に対して，[j] のない，いわば単純な子音を**硬子音**と呼びます。

[♪:12]

эль 〔字母 Л の名〕	ме́сто 場所；席	слова́рь 辞書
ию́нь 6月	мя́со 肉	поня́тно わかる
лес 森	нет いいえ	фильм 映画

とくに т, д や с, з を軟子音として発音する際，注意が必要です。

т, д を軟子音として発音するときは，舌の端の面を歯茎に密着させたかたちを起点にしてイの口の構えで発音します。ц や ч と混同しないように。

[♪:13]

день　1日　　　　　　люди　人びと　　　　　　понять　わかる
дéти　子供たち　　　　мать　母　　　　　　　　тётя　おば
дядя　おじ　　　　　　отéц　父　　　　　　　　хотя　…だが

с, з を軟子音として発音するときは，舌の先を下の前歯の裏または付け根から離さずに，イの口の構えで発音します。ш や ж, щ と混同しないように。

[♪:14]

взять　取る　　　　　　зима́　冬　　　　　　　сюда́　ここへ
газéта　新聞　　　　　　семь　7
здесь　ここに　　　　　сидéть　座っている

ж, ц, ш は本質的に硬い（つまりイの口の構えにならない）子音です。

[♪:15]

жить ([ʒɪ]ть)　生きる　　　　　　ужé (у[ʒɛ])　すでに
концéрт (кон[t͡sɛ]рт)　コンサート　　цирк ([t͡sɪ]рк)　サーカス
маши́на (ма[ʃɪ]на)　クルマ　　　　шесть ([ʃɛ]сть)　6

ч と щ は本質的に軟らかい子音です。したがって ч と чь, щ と щь の発音は同一です。

[♪:16]

врач (вра[t͡ʃ])　医者　　　　　　борщ (бор[ɕɕ])　ボルシチ
дочь (до[t͡ʃ])　娘　　　　　　　мощь (мо[ɕɕ])　力

0.12　母音の弱化 (2)

[♪:17]

アクセントのない音節では，母音は一般に弱まったかたちで曖昧に発音されます。とくに я は，語頭ではゆるんだイェ ([jɪ]) として，語中ではゆるんだイ ([ɪ]) として，また語末では弱いヤ ([jə]；軟子音の後ではゆるんだア [ə]) として，それぞれ発音されます。

глядéть (гл[ɪ]дéть)　見る　　　　и́мя (и́м[ə])　名
по́нял (по́н[ɪ]л)　わかった　　　Япо́ния ([jɪ]по́ни[jə])　日本
язы́к ([jɪ]зы́к)　言語

また，アクセント音節の前で ча/чай はそれぞれ че/чей として発音されます。

часы́　時計
Чайко́вский　チャイコフスキー (в は [f] と発音します：**0.14**)

0.13　ъ と ь

[♪:18]

ъ は子音文字の後に添えて，その子音が硬い音であることを示しています。ъ も先述の ь も，後続の

軟母音字と発音を分離（｜）する役割も果たしていますので分離記号とも呼ばれます。

  съёмка（[s|jo]мка）撮影　〔比較　сёстры（[sʲo]стры）姉妹（複）〕
  чьи（[tʃʲ|ji]）誰の（複）　〔比較　чисто（[tʃʲi]сто）きれいだ〕
  семья（ce[mʲ|ja]）家族　〔比較　имя（и́[mʲə]）名〕

0.14　子音の同化

子音文字は，声（声帯の振動）をともなう有声子音と，声をともなわない無声子音とに分けることができ，ロシア語では本来的に無声の子音，有声の子音がそれぞれ4つあるほか，声の有無のみで異なる6対の子音があります。

	(1)	(2)	(3)	(4)	(5)	(6)							
有声	б	в	д	з	ж	г	м	н	л	р			
無声	п	ф	т	с	ш	к					х	ц	ч	щ

 (1)〜(6)の子音は環境に応じて，綴りと発音が異なりますので注意が必要です。なお，簡便のため，以後の本文では，[ ]に入れたロシア文字を発音記号として使うことにします。

《無声化》　　　〖♪：19〗

(1)〜(6)の有声子音字が（A）語末にあるとき，および（B）無声子音の直前にあるとき，これらは対応の無声子音として発音されます。この原則はьのついた子音字にも当てはまります。

(A)
  глаз（гла[с]）目　　зуб（зу[п]）歯　　слов（сло[ф]）単語（複数生格）
  год（го[т]）年　　любовь（любо́[фь]）愛　　тетрадь（тетра́[ть]）ノート
  друг（дру[к]）友達　　муж（му[ш]）夫

(B)
  везти́（ве[с]ти́）運ぶ　　　　　　　ре́дко（ре́[т]ко）まれに
  за́втра（за́[ф]тра）あした　　　　　улы́бка（улы́[п]ка）笑顔
  пое́здка（пое́[ст]ка）旅行

(A)+(B)　дождь（до[шть]）雨，по́езд（по́е[ст]）列車

《有声化》　　　〖♪：20〗

т, с, к は，(1)〜(6)の有声子音字（в を除く）の直前にたつとき，対応の有声音（それぞれ д, з, г）として発音されます。この原則はьのついた子音字にも当てはまります。

  футбо́л（фу[д]бо́л）サッカー　　　　вокза́л（во[г]за́л）駅
  сбо́рник（[з]бо́рник）文集　　　　　про́сьба（про́[зь]ба）頼み

 ただし，твой（[т]вой）きみの，свобо́дный（[с]вобо́дный）自由な

 無声化と有声化は，ひと続きに発音される2つの単語の間の子音でも起こります。
  в ко́мнате（[ф]ко́мнате）部屋のなかで
  к бра́ту（[г]бра́ту）兄のもとへ
  с бра́том（[з]бра́том）兄といっしょに

0.15　音節の発音　　　　　　　　　　　　　　　　　　　　　　　　　　〚♪：21〛

お気づきのようにロシア語では音節の前後で複数の子音が連続することが珍しくありません。この場合，子音と子音のあいだに母音をはさまず発音するように気をつけてください。

　вдруг　とつぜん
　два　2
　ждать　待つ
　встре́ча　出会い
　Здра́вствуйте!　こんにちは（-вств- の最初の в は発音しません）
　С днём рожде́ния!　誕生日おめでとう

0.16　正書法の規則

子音文字 г, к, х, ж, ч, ш, щ の直後に ы, ю, я を書くことはなく，代わりにそれぞれ и, у, а と書きます。これを**正書法の規則**と呼びます。たとえば，[ʃi, ʃu, ʃa] という音を書き表すには，шы, шю, шя ではなく ши, шу, ша と綴る約束です。またロシア語には кы や хы などと記すべき発音が現れず，語形変化上そのように記すことが予想される場合には ки や хи が現れるのです。この規則は品詞に関わりなくあらゆる場合に当てはまり，今後，語形変化を理解する上で重要になります。

　その他の注意すべき発音についてはそのつど解説を加え，巻末（⇒表 **0**）にまとめて掲げました。

早口ことば　よく知られた早口ことばをご紹介します。意味はあってないようなもの。発音練習にどうぞ。
・Жу́тко жуку́ жить на суку́.　「カブトムシは枝に住むのが怖い」
・Карл у Кла́ры укра́л кора́ллы, а Кла́ра у Ка́рла укра́ла кларне́т.　「カールはクララから珊瑚を盗み，クララはカールからクラリネットを盗んだ」
・На дворе́ трава́, на траве́ дрова́, не руби́ дрова́ на траве́ двора́.　「庭に草，草のうえに薪，庭の草のうえで薪を割らないで」

発音練習 〚♪：22〛

оди́н 1	ве́чер 晩	ноя́брь 11月
два 2	ночь 夜	дека́брь 12月
три 3	янва́рь 1月	весна́ 春
четы́ре 4	февра́ль 2月	ле́то 夏
пять 5	март 3月	о́сень 秋
шесть 6	апре́ль 4月	зима́ 冬
семь 7	май 5月	восто́к 東
во́семь 8	ию́нь 6月	за́пад 西
де́вять 9	ию́ль 7月	се́вер 北
де́сять 10	а́вгуст 8月	юг 南
у́тро 朝	сентя́брь 9月	
день 昼	октя́брь 10月	

筆記体の書き方

文字を手書きする際，ロシアでは原則として筆記体が使われますので，（英語などの場合と異なり）筆記体に習熟することはきわめて重要です。

筆記体によるアルファベット

注意

1. 高い位置で書き終わる字（бなど）と次の字を無理につなげる必要はありません。

    брат 兄；弟　　*Брат*　　　　рыба 魚　　*рыба*

2. л, м, я は前の字からそのままつなげずに，つねにつまさきを上げて書きます。

    билет チケット　*билет*　　　ему 彼に　*ему*

    имя 名　*имя*　　　　　　　Япония 日本　*Япония*

3. Ш と ш の末端はつねに下まで伸ばし切ります。

    шумно 騒がしい　*шумно*　　машина 車　*машина*

参考　かな転写法（ポリヴァーノフ式）

あ	a	い	и	う	у	え	э	お	о
か	ка	き	ки	く	ку	け	кэ	こ	ко
さ	са	し	си	す	су	せ	сэ	そ	со
た	та	ち	ти	つ	цу	て	тэ	と	то
な	на	に	ни	ぬ	ну	ね	нэ	の	но
は	ха	ひ	хи	ふ	фу	へ	хэ	ほ	хо
ま	ма	み	ми	む	му	め	мэ	も	мо
や	я			ゆ	ю			よ	ё
ら	ра	り	ри	る	ру	れ	рэ	ろ	ро
わ	ва								
ん	н								

が	га	ぎ	ги	ぐ	гу	げ	гэ	ご	го
ざ	дза	じ	дзи	ず	дзу	ぜ	дзэ	ぞ	дзо
だ	да					で	дэ	ど	до
ば	ба	び	би	ぶ	бу	べ	бэ	ぼ	бо
ぱ	па	ぴ	пи	ぷ	пу	ぺ	пэ	ぽ	по

きゃ	кя	きゅ	кю	きょ	кё
しゃ	ся	しゅ	сю	しょ	сё
ちゃ	тя	ちゅ	тю	ちょ	тё
にゃ	ня	にゅ	ню	にょ	нё
ひゃ	хя	ひゅ	хю	ひょ	хё
みゃ	мя	みゅ	мю	みょ	мё
りゃ	ря	りゅ	рю	りょ	рё
ぎゃ	гя	ぎゅ	гю	ぎょ	гё
じゃ	дзя	じゅ	дзю	じょ	дзё
びゃ	бя	びゅ	бю	びょ	бё
ぴゃ	пя	ぴゅ	пю	ぴょ	пё

1. 長音はひとつの母音字で表します：Сато 佐藤，Ота 大田
2. つまる音は子音字母をふたつ重ねて表します：Нитта 新田，Са́ппоро 札幌
3. はねる音の直後に母音字が来るときは間にъを書きます：Кэнъити 健一，Санъё 山陽
4. б, п, м の直前の「ん」は м で表します：Хомма 本間，Нихомба́си 日本橋
5. 母音に続く「い」はйで表します：Сайто 斉藤，Хокка́йдо 北海道
6. 一部の地名は慣用でつづりが決まっています：То́кио 東京，Кио́то 京都，Йокога́ма 横浜

練習　自分や身近な人の名前をロシア文字（活字体と筆記体）で書いてみましょう。

УРОК 1 (один)

美紀が大学のなかを案内しています

〚♪：23〛

Мики: Это аудитория. А вот это библиотека, и музей вон там.

Фумио: А где столовая, наверху или внизу?

Мики: Столовая внизу, вот здесь. Посмотри, там Игорь Борисович.

* * *

Мики: Здравствуйте, Игорь Борисович!

Игорь: Добрый день, Мики-сан. Как дела?

Мики: Спасибо, хорошо. Знакомьтесь, это новый студент из Токио.

Игорь: Очень приятно. А как вас зовут?

Фумио: Меня зовут Фумио. Очень приятно.

Слова к уроку [♪:24]

уро́к	課；レッスン
оди́н	1（数詞）
э́то	これは；それは
аудито́рия	教室
а	いっぽう（対比）；ところで〔無アクセント〕
вот	ほらこれが；ほらここに
библиоте́ка	図書館
и	そして；さらに
музе́й	博物館；美術館
вон	ほらあれが；ほらあそこに
там	あそこに
где	どこに？
столо́вая	食堂
наверху́	上に；上の階に
и́ли	それとも
внизу́	下に；下の階に
здесь	ここに
посмотри́	ごらんなさい；みて
И́горь	イーゴリ（男性の名）
Бори́сович	ボリソヴィチ（父称・男性形）
здра́вствуйте!	こんにちは（発音 здра́[ств]уйте）
до́брый	良い
день	日
до́брый день!	こんにちは
-сан	…さん〔日本語〕
как дела́?	お元気ですか；やあ元気？
спаси́бо	ありがとう（ございます）
хорошо́	よい
знако́мьтесь	ご紹介します
но́вый	新しい
студе́нт	大学生
То́кио	東京（発音 То́ки[о]）
из То́кио	東京から（の）
о́чень прия́тно!	はじめまして
как вас зову́т?	あなたのお名前は？
меня́ зову́т...	私の名前は…です
Ники́тин	ニキーチン（姓の男性形）
Бори́с	ボリス（男性の名）
Ни́на Ива́новна	ニーナ・イワーノヴナ（女性の名・父称）
Ю́рий И́горевич	ユーリー・イーゴレヴィチ（男性の名・父称）
А́нна И́горевна	アンナ・イーゴレヴナ（女性の名・父称）

Перевод

美紀	これは教室。で，こっちが図書館。それから博物館はあそこね。
文夫	で食堂はどこかな。上の階？ それとも下の階？
美紀	食堂は下。ほら，ここよ。みて，あそこにニキーチン先生（イーゴリ・ボリソヴィチ）がいる。

* * *

美紀	こんにちは，ニキーチン先生。
イーゴリ	こんにちは，美紀さん。お元気ですか。
美紀	ありがとうございます。おかげさまで。ご紹介します。こちらは東京からきた新しい学生です。
イーゴリ	はじめまして。お名前は？
文夫	文夫です。はじめまして。

第1課

1.1 「A は B です」
「A は B だ」という場合，現在形では英語の be 動詞に相当する動詞は使わず，A と B を並べるだけです。「A は B にある・いる」と述べる場合もやはり A と B を並べるだけです。

  Э́то аудито́рия. これは教室です。
  Э́то студе́нт. こちらは学生です。
  Столо́вая внизу́. 食堂は下にあります。

 A と B のあいだに（特に A も B も名詞の場合）横線が引かれることがあります。

  Бори́с — студе́нт. ボリスは大学生です。

 ★ロシア語には冠詞（英語の a や the に相当する品詞）がありません。

1.2 вот と а の用法
вот は，話し手と聞き手の両者にとって見える，あるいは知っている手近なものについて，「ほらこれが…だ」または「ここに…がある」と指し示す時に使う助詞です。話し手と聞き手の両者から隔たっている場合には вон を用います。вот はしばしば э́то（これは・これが）の前に置かれます。

  Вот э́то библиоте́ка. これが図書館です。
  Столо́вая **вон** там. 食堂はほらあそこにあります。

 接続詞の а は対比や視点の転換を表します。

  Э́то аудито́рия. **А** вот э́то библиоте́ка. これは教室です。そしてこちらは図書館です。

1.3 「…はどこですか」の表現と疑問詞の位置
人やモノの所在は疑問詞 где（どこ）でたずねますが，やはり be 動詞に相当する動詞は使わず，где を文頭に置き，名詞や代名詞を続けます。

  Где столо́вая? 食堂はどこですか。— Столо́вая вот здесь. ほらここにあります。
  Где аудито́рия? 教室はどこですか。— Вон там. あそこです。

 なお，疑問詞は原則として文頭に置かれ，疑問詞を含む疑問文のイントネーションは平叙文と変わりません。

1.4 「A ですか，それとも B ですか」の表現
「A ですか，それとも B ですか」と選択肢を添える選択疑問文にする場合には，A と B のあいだに接続詞 и́ли（または）を置きます。その際，A のアクセントのある音節を高く発音し，その後は自然に降下していきます。

  Где столо́вая, наверху́［高］и́ли внизу́?

1.5 人名のしくみ
ロシア語の人名は，名・父称・姓の3つの部分で構成されます。父称とは「…の子」を意味する要素で，父親の名（ファーストネーム）からつくられます。たとえば，家庭内や友だち，同僚どうしなどの親しい間柄では，たがいに名や愛称（**2.7**）で呼び合うのがふつうですが，それ以外の相手には，名

指すときも呼びかけるときも，名に父称を添えた形を使うのがマナーです。この課に出てくる先生の名・父称・姓は Игорь Бори́сович Ники́тин（イーゴリ・ボリソヴィチ・ニキーチン）ですが，本文ではやはり名と父称を重ねて Игорь Бори́сович と呼びかけられています。父称の Бори́сович から，この先生の父の名が Бори́с（ボリス）であることがわかります。

父称には息子のための男性形と娘のための女性形があり，男性形は父の名に -ович（または -евич）を，女性形は -овна（または -евна）を，それぞれ添えてつくります。Бори́с さんに娘がいれば，その娘の父称は Бори́совна となります。またニキーチン先生の息子と娘の父称はそれぞれ И́горевич および И́горевна です。

父称と同様，姓にも男性形と女性形があります。たとえばニキーチン先生の妻や娘の姓は Ники́тин ではなく，-а を添えた女性形 Ники́тина（ニキーチナ）です。本書に登場するニキーチン先生の一家の正式な名を挙げておきます。

（本人）　И́горь Бори́сович Ники́тин　　（妻）　Ни́на Ива́новна Ники́тина

（息子）　Ю́рий И́горевич Ники́тин　　（娘）　А́нна И́горевна Ники́тина

なお，ロシア人の姓は多くの場合 -ин(а) / -ын(а)；-ов(а) / -ев(а)；-ский(-ская) で終わります。

1.6　名前のたずねかたと答えかた

相手の名前は一般に Как вас зову́т? とたずねます。学生どうしや，初対面の子供が相手の場合には，вас を тебя́ に置きかえて Как тебя́ зову́т? になります。「私の名前は…です」は Меня́ зову́т の後に自分の名や愛称（**2.7**），または名と父称をおきます。

　　Как вас зову́т?　— Меня́ зову́т И́горь Бори́сович.　イーゴリ・ボリソヴィチと申します。
　　Как тебя́ зову́т?　— Меня́ зову́т Бори́с / Сё́та.　ぼくの名前はボリスです／翔太です。

ロシアの基本データ　ロシア Росси́я（またはロシア連邦 Росси́йская Федера́ция）はモスクワ Москва́ を首都とする共和制国家です。ヨーロッパからアジアにまたがる 1707 万 km²（日本の約 45 倍）という世界最大の国土を誇り，1 億 4350 万人（2013 年現在）の人々が暮らしています。寒暖差の大きい大陸性気候で，世界全体の森林面積のおよそ 2 割を占めるその国土は鉱物資源（金，ダイヤ）や化石燃料（石油，天然ガスなど）などの天然資源に恵まれています。人口の 8 割が東スラヴ系民族のロシア人ですが，他にもタタール人，ウクライナ人，バシキール人など 100 を越える民族が居住し，事実上の国教であるロシア正教の他に，イスラム教，ユダヤ教，カトリック，仏教などが信仰されています。国旗は上から白（高貴）・青（純潔）・赤（勇気）の三色旗，赤地に金色の双頭の鷲を国章とし，国歌は「ロシア連邦国歌」（2000 年制定）。1917 年のロシア革命を経て，1922 年にはソビエト社会主義共和国連邦（ソ連）という史上初の社会主義国家となりました。ソ連体制は 1991 年末に崩壊し，大統領を元首とする連邦共和制の国家に生まれ変わりましたが，大統領がきわめて大きな権限をもつ独特の民主主義体制となっています。

УРОК 2 (два)

オリガが図書館でサーシャを見かけました

〚♪：25〛

Óля: Ой, Са́ша! До́брый день!

Са́ша: Приве́т, Óля!

Óля: Что ты тут де́лаешь? Чита́ешь?

Са́ша: Да, я сейча́с чита́ю письмо́.

Óля: А за́втра ты до́ма?

Са́ша: Да, до́ма. Кста́ти, ты уже́ зна́ешь Фу́мио?

Óля: Нет, не зна́ю. Кто э́то?

Са́ша: Но́вый студе́нт, япо́нец. Он изуча́ет ру́сский язы́к.

Óля: И он уже́ хорошо́ понима́ет по-ру́сски?

Са́ша: Не зна́ю, но ду́маю, что да. По кра́йней ме́ре, он дово́льно хорошо́ чита́ет.

Слова к уроку [♪: 26]

Óля	オーリャ（女性名 Óльга の愛称）
ой	あら（驚きを表す感嘆詞）
Cáша	サーシャ（男性名 Алексáндр の愛称）
привéт	やあ；こんにちは（親しい間柄でのみ）
что	何が；何を（発音 [ш]то）
ты	きみは
тут	ここで，ここに
дéлать[1]	する；つくる；行う
читáть[1]	…を読む；読書する
да	はい；そうです
я	私は
сейчáс	いま
письмó	手紙
зáвтра	あした
дóма	家に；自宅に；在宅で
кстáти	ところで
ужé	すでに
знать[1]	知っている
нет	いいえ；ちがいます
не	〔否定の助詞；無アクセント〕…ではない；…しない
кто	誰が
япóнец	日本人
он	彼は
изучáть[1]	学ぶ；勉強する
рýсский	ロシアの；ロシア人の（発音 рý[с]кий）
язы́к	言語
хорошó	よく；じょうずに
понимáть[1]	理解する；わかる
по-рýсски	ロシア語で；ロシア風に（発音 по-рý[с]ки）
понимáть по-рýсски	ロシア語がわかる
но	しかし〔発音 н[о]〕
дýмать[1]	思う；考える
что	…ということ
по крáйней мéре	すくなくとも
довóльно	かなり
онá	彼女は
онó	それは
мы	私たちは
вы	あなたは・あなたがたは
они́	彼らは

Перевод

オーリャ	あらサーシャ。こんにちは。
サーシャ	やあ，オーリャ。
オーリャ	ここで何してるの？ 読書？
サーシャ	うん，いまは手紙を読んでるところ。
オーリャ	で，明日は家にいる？
サーシャ	うん，家だよ。ところでオーリャはもう文夫のこと知ってる？
オーリャ	ううん，知らないけど。誰それ？
サーシャ	新しくきた学生で，日本人。ロシア語を勉強してるんだ。
オーリャ	ならもうロシア語がよく理解できるの？
サーシャ	わからないけど，そう思うよ。すくなくとも読むのはかなりできるみたいだね。

ロシア語とは ロシア語はインド・ヨーロッパ語族の中のスラヴ語派に属する言語で，ウクライナ語やベラルーシ語とともに東スラヴ語群をなしています。おなじスラヴ語派の西スラヴ語群に属するポーランド語やチェコ語，また南スラヴ語群に属するブルガリア語やセルビア・クロアチア語などとも親族関係にあり，これらスラヴ系の諸言語は単語や文法の面で多くの特徴を共有しています。ロシア語は国内でおよそ1億4000万人によって第1言語として使われているほか，隣国のベラルーシや中央アジアのカザフスタン，キルギスなどでは公用語の地位にあり，英語，フランス語，中国語，スペイン語，アラビア語とならんで国連公用語にも定められています。アメリカやイスラエルにもロシア語を日常的に使用する移民のコミュニティーがあります。

第 2 課

2.1 人称代名詞

ロシア語の人称代名詞は人称と数と性によって右のように分類されます。1人称は語り手，2人称は聞き手，3人称はそれ以外の第3者を意味し，それぞれ単数形と複数形があります。単数2人称の ты は家族や友だち，学生や同僚どうしなどの親しい間柄や児童に対して用いられ，それ以外の関係では，相手が1人でも вы を用います。

	単　数		複　数	
1人称	я	私	мы	私たち
2人称	ты	きみ	вы	きみたち あなたたち あなた*
3人称	он	彼，それ**	они	彼ら，それら**
	она́	彼女，それ**		
	оно́	それ		

*вы で一人の相手を指す場合，書簡では大文字で Вы と記すことがあります。
3人称の人称代名詞は人間のほか事物をも指し示します (3.1**)。

2.2 第1変化動詞

動詞の時制には現在形と過去形と未来形があり，現在形の動詞は主語の人称と数に応じて異なる語尾をもちます。これを**人称語尾**と呼びます。人称語尾の種類によって動詞の変化は第1変化と第2変化に分けられます。第1変化では，不定形（чита́ть）から末尾の -ть を除いたもの（**不定形語幹**）に次の人称語尾をつけます：**-ю, -ешь, -ет; -ем, -ете, -ют**.

чита́ть[1]			
я	чита́-ю	мы	чита́-ем
ты	чита́-ешь	вы	чита́-ете
он/она́	чита́-ет	они́	чита́-ют

現在形の変化において形の変わらない共通部分（чита́-）を**現在語幹**と呼びます。第1変化では現在語幹は不定形語幹とおなじです。

★動詞の主語があきらかな場合，主語は（とくに口語で）しばしば省略されます。またロシア語に進行形はなく，進行中の動作も現在形で表されます：Чита́ю письмо́. （私は）手紙を読んでいる。

★第1変化の動詞は不定形の右肩に 1 と記します：де́лать[1] する，знать[1] 知っている

2.3 否定文のつくりかた

肯定文の述語の直前に否定の助詞 не を置くだけで否定文に変えることができます。не にはアクセントがなく，つぎの単語とひと続きに発音されます。

　　Э́то **не** И́горь.　これはイーゴリではありません。
　　Она́ **не** до́ма.　彼女は在宅ではありません。
　　Я **не** зна́ю.　私は知りません。

2.4 疑問文のつくりかた (1)

疑問の中心となる単語のアクセント音節を高く発音するだけで平叙文を疑問文に変えることができます。疑問詞をともなわないこの種の疑問文には да（はい）か нет（いいえ）で答えることができます。

Э́то студе́нт?
- Да, э́то студе́нт.
- Да, студе́нт.
- Да.

- Нет, э́то не студе́нт.
- Нет, не студе́нт.
- Нет.

Он чита́ет?
- Да, он чита́ет.
- Да, чита́ет.
- Да.

- Нет, он не чита́ет.
- Нет, не чита́ет.
- Нет.

2.5 кто の意味 (1)

ある人が何者であるかをたずねる場合は，疑問詞 кто と э́то を用います。

Кто э́то?　これは誰ですか。 — Э́то студе́нт.　これは学生です。

Кто э́то?　これは誰ですか。 — Э́то И́горь.　それはイーゴリです。

なお，кто は単数 3 人称扱いです。

Кто **изуча́ет** ру́сский язы́к?　誰がロシア語を勉強していますか。

2.6 接続詞 что (…ということ)

что は英語の that と同様に名詞節をみちびく接続詞として「…ということ」を表し，Я ду́маю, что… で「…であると思う」の意味になります（что の前にカンマを置きます）。この что はしばしば省略されます。疑問詞の что（何が；何を）と混同しないようにしてください。

Что э́то?　これは何ですか？（疑問詞「何」）

Я ду́маю, **что** э́то библиоте́ка.　これは図書館だと思います。（接続詞「…ということ」）

Ду́маю, она́ зна́ет ру́сский язы́к.　彼女はロシア語を知っていると思いますよ。

Ду́маю, **что** да.　そう思います。

最後の例文の да は従属節の中で「そうである」を意味する述語で，да の代わりに нет を入れれば，「そうではないと思う・ちがうと思う」の意味になります。

2.7 名と愛称

ロシア人の名には本来の形のほかに，親しい間柄で使われる愛称の形があり，Cа́ша は男性名 Алекса́ндр の，О́ля は女性名 О́льга の，それぞれ愛称です。多くの名には慣習として定まった愛称がありますが，たとえば И́горь や Андре́й, Ники́та などの男性名，Ни́на や А́лла などの女性名は，親しい間柄でもそのまま使われるのがふつうです。

名	愛称
Алекса́ндр（男）	Са́ша, Шу́ра
О́льга（女）	О́ля
Татья́на（女）	Та́ня
Ю́рий（男）	Ю́ра
А́нна（女）	А́ня

Упражнения 練習問題 1

1 次の文を訳しましょう。
1) Э́то библиоте́ка.
2) Э́то А́нна, а э́то Ни́на.
3) Где библиоте́ка? — Вот здесь.
4) Где столо́вая? — Столо́вая наверху́.
5) Где туале́т, внизу́ и́ли наверху́? — Туале́т вон там.
6) Э́то са́хар и́ли соль? — Э́то са́хар.
♠ туале́т トイレ, са́хар 砂糖, соль 塩

2 次の文をロシア語に訳しましょう。
1) これは博物館で，こちらは教室です。
2) きみの名前は？
3) あなたのお名前は？
4) 私の名はニーナ・イワーノヴナです。
5) はじめまして。
6) お元気ですか。
7) ありがとう，元気です。

[♪ : 27]

語法メモ（1）日常の挨拶　相手の目をみてきちんと挨拶することはコミュニケーションの基本です。発音練習のつもりで，次の表現を覚えて使ってみましょう。

　О́чень прия́тно!　はじめまして
　До́брое у́тро!　おはよう（ございます）
　До́брый день!　こんにちは
　До́брый ве́чер!　こんばんは
　Приве́т!　やあ；こんにちは（親しい間柄でのみ）
　Здра́вствуй!　やあ；こんにちは（親しい間柄のひとりの人を相手に）〔-вст- の в は発音しません〕
　Здра́вствуйте!　こんにちは（Приве́т! や Здра́вствуй! と同様，昼夜を問わず使えます）
　Пока́!　じゃあね；またね（親しい間柄でのみ）
　До свида́ния!　さようなら
　До встре́чи!　ではまた
　До за́втра!　またあした
　Всего́ до́брого!　ではまた；失礼します〔2つの г はどちらも в として発音します〕
　Споко́йной но́чи!　おやすみなさい

Упражнения 2

1 カッコ内の動詞を適切な形にして入れ，文を訳しましょう．
1) Я (читáть) письмó.
2) Ты (изучáть) рýсский язы́к.
3) Мы ужé довóльно хорошó (понимáть) по-рýсски.
4) Они́ (знать), где столóвая.
5) Что вы тут (дéлать)?

2 次の文を否定文にして訳しましょう．
1) Я студéнт.
2) Э́то библиотéка.
3) Он понимáет по-англи́йски.
4) Мы знáем, как вас зовýт.
♠ по-англи́йски 英語で；英国風に

3 次の文を訳しましょう．
1) Ты знáешь, где туалéт?
2) Вы знáете, кто э́то? — Нет, я не знáю.
3) Я не знáю, что э́то такóе.
4) Онá знáет, что ты изучáешь рýсский язы́к.
5) Э́то не Ни́на, а А́нна.
♠ Что э́то такóе?〔Что э́то? を強調した表現〕これはいったい何か，не А, а Б　АではなくБ

4 次の文をロシア語に訳しましょう．
1) 私は，これは博物館だと思います．
2) きみは彼が学生ではないのを知っているかい？
3) はい知っています．
4) 私たちはあなたたちがロシア語をよく知っていると思います．
5) 彼らは日本語がよく理解できますか．
6) できないと思います．
♠ по-япóнски 日本語で；日本風に

よくあるロシアの姓　バラエティーに富んだロシア人の姓のうち，もっともポピュラーな姓とされる 10 の姓とその由来をご紹介しましょう．いずれも「…の子」を意味する接尾辞 -ов/-ев で終わり，女性の場合はさらに -а が添えられます：Смирнóв（穏やかな сми́рный），Ивáнов / Иванóв（男性名 Ивáн），Кузнецóв（鍛冶屋 кузнéц），Попóв（司祭 поп），Соколóв（鷹 сóкол），Лéбедев（白鳥 лéбедь），Козлóв（山羊 козёл），Нóвиков（新人 нови́к），Морóзов（厳寒 морóз），Петрóв（男性名 Пётр）．その他，ロシア人に多い -ский (-ская) に終わる姓はベラルーシ系またはポーランド系，Плю́щенко など，-енко に終わる姓はウクライナ系です．

УРОК 3 (три)

文夫が家族のアルバムを見せています

〚♪：28〛

Са́ша: Фу́мио, приве́т!

Фу́мио: Приве́т, Са́ша.

Са́ша: Знако́мься, э́то О́ля.

Фу́мио: О́чень прия́тно, О́ля! Фу́мио.

О́ля: О́чень прия́тно. А чей э́то альбо́м? Твой?

Фу́мио: Да. Вот э́то моя́ семья́.

О́ля: Фу́мио, э́то ты, да? А э́то кто? Твой брат?

Фу́мио: Да, э́то мой брат Ми́цуо. Он о́чень весёлый. А вот э́то на́ши роди́тели.

О́ля: А кто твой па́па?

Фу́мио: Мой оте́ц — журнали́ст.

Са́ша: А ма́ма то́же рабо́тает?

Фу́мио: Да, она́ учи́тель.

Са́ша: А кто э́та молода́я де́вушка спра́ва? Твоя́ сестра́, наве́рное?

Фу́мио: Да, сестра́. Двою́родная.

Слова к уроку

[♪ : 29]

знако́мься　紹介しよう
чей　誰の
альбо́м　アルバム；スケッチブック
твой　きみの
моя́　単・女＜мой　私の
семья́　家族
брат　兄；弟
о́чень　とても；ひじょうに
весёлый　陽気な
на́ши　複＜наш　私たちの
роди́тели　（複）両親
па́па　お父さん
оте́ц　父
журнали́ст　ジャーナリスト；記者
ма́ма　お母さん
то́же　…も；おなじく
рабо́тать[1]　働く
учи́тель　教諭；教師
э́та　単・女＜э́тот　この…

молода́я　単・女＜молодо́й　若い
де́вушка　お嬢さん；娘
спра́ва　右に；右側に
твоя́　単・女＜твой
сестра́　姉；妹
наве́рное　たぶん；きっと…だろう
двою́родный　いとこの
тетра́дь　ノート
мо́ре　海
и́мя　名
мужчи́на　男性（発音 му[щ]и́на）
студе́нтка　女子学生
учи́тельница　女性教諭
ваш　あなた（たち）の；きみたちの
его́　彼の（発音 е[в]о́）
её　彼女の
их　彼らの
вино́　ワイン
тот　あの…

Перевод

サーシャ　やあ，文夫くん。
文夫　やあ，サーシャ。
サーシャ　紹介するよ，こちらはオーリャ。
文夫　はじめまして，オーリャ。文夫です。
オーリャ　よろしくね。で，これは誰のアルバム？ あなたの？
文夫　うん。これがぼくの家族さ。
オーリャ　これは文夫くんでしょ？ で，これは誰？ 文夫くんの弟？
文夫　ああ，それは弟の光夫。すごく陽気なやつでね。で，これがうちの両親。
オーリャ　文夫くんのお父さんは何をしてる人？
文夫　ぼくの父は記者だよ。
サーシャ　お母さんも働いているの？
文夫　うん，母は教師をしてるんだ。
サーシャ　右側にいるこの若いお嬢さんは誰？ 妹さんかな？
文夫　ああ，いとこだよ。

第3課

3.1 名詞の性

ロシア語の名詞は男性・女性・中性の3つに類別され，それぞれの名詞の性は末尾の字母でかんたんに見分けることができます。ただし -ь に終わる名詞だけは，男性名詞か女性名詞かをそのつど確認する必要があります。

	名詞の末尾			例		
男	-子音字	-й	-ь	альбо́м	музе́й	день
女	-а	-я	-ь	сестра́	семья́	тетра́дь
中	-о	-е(-ё)	-мя	письмо́	мо́ре	и́мя

★男性名詞，女性名詞，中性名詞はそれぞれ人を意味するか否かにかかわらず，人称代名詞 он, она́, оно́ で指し示すことができます。

★Са́ша や па́па, мужчи́на（男性）といった名詞は -а で終わりますが，生物上の男性を表す名詞なので，文法上も男性名詞として扱われ，он で指し示します。

★身分や職業を表す一部の名詞には，студе́нт / студе́нтка（女子学生），учи́тель / учи́тельница（女性教師）のような男女の対がありますが，対の有無にかかわらず，男性名詞によって女性を表すことができます：Она́ учи́тель. ＝ Она́ учи́тельница. 彼女は教師です。

3.2 疑問詞 чей と所有代名詞

モノの持ち主をたずねるときは，疑問代名詞 кто（誰）に対応する疑問詞 чей（誰の）を使います。その問いに答える際に欠かせないのが所有代名詞です。чей および1人称と2人称の所有代名詞 мой, твой, наш, ваш は，修飾する名詞の性と数に応じて次の表のように変化します。3人称の所有代名詞 его́, её, их はいかなる場合にも変化しません。

	誰の	私の	君の	私たちの	あなた(たち)の 君たちの	彼の	彼女の	彼らの	
男	чей	мой	твой	наш	ваш	его́	её	их	альбо́м
女	чья	моя́	твоя́	на́ша	ва́ша	его́	её	их	сестра́
中	чьё	моё	твоё	на́ше	ва́ше	его́	её	их	письмо́
複	чьи	мои́	твои́	на́ши	ва́ши	его́	её	их	роди́тели

★主語 э́то を疑問詞 чей に始まる名詞句（чей альбо́м / чья тетра́дь）とともに使う場合は，次の例のように э́то が名詞句に割って入ります。

Чей э́то альбо́м? — Э́то мой альбо́м.

Чья э́то тетра́дь? — Моя́.

3.3 形容詞の性数変化（1）

形容詞は性と数に応じて形が変わり，語幹（形の変わらない部分）末尾の子音の硬軟およびアクセントの位置によって 6 つの型に分けられます。ここでは硬変化 A と語尾にアクセントのある硬変化 B，および混合変化 I の型を覚えましょう。混合変化 I の рýсский は硬変化 A の男性形と複数形の語尾が，正書法の規則（**0.16**）によって，それぞれ -ый, -ые ではなく -ий, -ие になる，とみなすこともできます。

	男	女	中	複
硬変化 A	нóв-**ый**	нóв-ая	нóв-ое	нóв-ые
混合変化 I	рýсск-**ий**	рýсск-ая	рýсск-ое	рýсск-**ие**
硬変化 B	молод-**óй**	молод-áя	молод-óе	молод-ы́е
	студéнт	студéнтка	винó	родúтели

3.4 指示代名詞 э́тот と тот

指示代名詞 э́тот（この・その）と тот（あの）は，名詞を修飾するとき，その名詞の性と数に応じて右のように変形します。

「これは・それは…だ」の意味で主語として使われる э́то は，述語となる名詞の性数に関わらず，つねに э́то の形で使われます。指示代名詞の э́тот の中性形とは区別してください。

この・その	あの	
э́тот	тот	альбóм
э́та	та	сестрá
э́то	то	письмó
э́ти	те	родúтели

Э́тот альбóм［主語］мой. このアルバムは私のです。
比較：Э́то［主語］мой альбóм［男］. これは私のアルバムです。
Э́то письмó［主語］моё. この手紙は私のです。
比較：Э́то［主語］письмó［中］. これは手紙です。

3.5 кто の意味（2）

特定の人物について職業や身分を確認する場合も кто を用います。

Кто э́то? — Э́то моя́ сестрá.
Кто онá? — Онá студéнтка.

3.6 「なら…は？」の語順とイントネーション

疑問詞は原則として文頭に置かれますが，「なら…は？」といった付加的な疑問文の場合には，語順が変わることがあります。対比の助詞 а が使われる場合，直後の 1 音節だけが著しく低い独特のイントネーションになります。

Кто э́то? これは誰ですか？
А э́то кто? じゃあこれは誰？（э́то の «э» が低い）

УРОК 4 (четы́ре)

アーニャとユーラが話しています

〖♪：30〗

Áня: Юра, ты не зна́ешь, где мой альбо́м и цветны́е карандаши́?

Юра: Зна́ю, карандаши́ в столе́, а альбо́м где́-то на столе́... Вот он. А что ты рису́ешь? Хоро́шие рису́нки! Э́то ко́шки и́ли соба́ки?

Áня: Ко́шки. Ма́ма, па́па и их де́ти.

Юра: А почему́ они́ си́ние?

Áня: Потому́ что э́то краси́вый цвет. Они́ на ста́ром заво́де в дере́вне. А вот ма́льчик игра́ет на гита́ре, а де́вочки танцу́ют.

Юра: Я то́же уме́ю рисова́ть. Вот. Как ду́маешь, кто э́то?

Áня: У́х ты, пра́вда здо́рово! Э́то наш де́душка.

Юра: Ну ты что́! Э́то же ма́ма!

Áня: Éсли ма́ма, почему́ она́ в очка́х?

Юра: Э́то не очки́, а глаза́.

Слова к уроку

[♪ : 31]

цветно́й　カラーの
карандаши́　複＜каранда́ш　エンピツ
в　〔前置詞〕（＋前）…の中で；…で
столе́　前＜стол　机；テーブル
где́-то　どこか
на　〔前置詞〕（＋前）…の上で；…で
рису́ешь　単2（単数2人称）＜рисова́ть[(1)]　描く
хоро́ший　よい
рису́нки　複＜рису́нок　絵
ко́шка　猫
соба́ка　犬
де́ти　子供たち〔複数〕
почему́　なぜ
си́ний　青い
потому́ что　なぜなら*
краси́вый　美しい；きれいな
цвет　色
ста́рый　古い
заво́д　工場
дере́вня　いなか；地方；村
ма́льчик　男の子

игра́ть[1]　遊ぶ，（на＋前）…を演奏する
гита́ра　ギター
де́вочка　女の子
танцу́ют　複3＜танцева́ть[(1)]　踊る
уме́ть[1]　（＋不定形）…できる；…する能力がある
как　どのように；どうやって
ух ты！　これはまあ！；あらやだ
пра́вда　真実；じっさいに
здо́рово　〔述語〕すごい
де́душка　おじいちゃん
ну ты что́！　とんでもない！
же　〔強調の助詞；無アクセント〕
е́сли　もし…であるなら
очка́х　前＜очки́　メガネ〔複数のみ〕
глаза́　複＜глаз　目
де́ньги　お金〔複数のみ〕
часы́　時計〔複数のみ〕
о　〔前置詞〕（＋前）…について（特定の名詞・代名詞の前で об）
фами́лия　姓；苗字
о́тчество　父称

* потому́ что は単一の接続詞として続けて発音され，что にはアクセントがありません。

Перевод

アーニャ　お兄ちゃん，私のスケッチブックと色鉛筆，どこにあるか知らない？
ユーラ　知ってるよ。色鉛筆は机のひきだしで，スケッチブックはどっか机の上……　ほらあった。で，なに描いてるのさ。いい絵だね。これは猫？　犬？
アーニャ　猫だよ。お母さんとお父さんと子供たち。
ユーラ　なんで青いのさ。
アーニャ　きれいな色だからよ。猫たちがいなかの古い工場にいるのね。こっちは男の子がギターを弾いてて，女の子たちが踊ってるところ。
ユーラ　絵ならぼくだって描けるんだぜ。ほらこれ。誰だと思う？
アーニャ　わぁ，ほんとにすごい！　これ，おじいちゃんね。
ユーラ　なにいってんだい。これはお母さんじゃないか。
アーニャ　ママだったら，なんでメガネかけてるの？
ユーラ　これはメガネじゃなくて目だってば。

第4課

4.1　名詞の複数形

名詞の複数形は語尾をつけ加えるか交替させてつくり，男性名詞・女性名詞の複数形は **-ы/-и** で，中性名詞の複数形は **-а/-я** で終わるのが特徴です．なかにはアクセントが移動するものや，語幹の一部が変わるもの，まったく異なる語幹をとるものなど，不規則なものが少なくありません（⇒表 **2.4**）．根気づよく慣れていきましょう．

男	女	中
(1) -子音字 → +ы	(1) -а → -ы	(1) -о → -а
(2) -й/-ь → -и	(2) -я/-ь → -и	(2) -е/-ё → -я
(3) その他 (-а/-я)		(3) -мя → -мена

男性名詞

(1) альбóм → альбóмы, япóнец → япóнцы*, рисýнок → рисýнки**, язы́к → языки́**

(2) музéй → музéи, день → дни***

(3) брат → брáтья, учи́тель → учителя́, глаз → глазá

女性名詞

(1) гитáра → гитáры, библиотéка → библиотéки**

(2) аудитóрия → аудитóрии, тетрáдь → тетрáди

中性名詞

(1) письмó → пи́сьма　　(2) мóре → моря́　　(3) и́мя → именá

*-ец, -ок で終わる男性名詞には複数形で語幹末の母音をはずして -цы, -ки となるものがあります．
к の直後では ы ではなく и を用います（0.16**）．
*** ここでも語幹から е が落ちますが，このような е/о を一般に**出没母音**と呼びます．

　なお一部の名詞には複数形しかありません：дéньги お金，очки́ メガネ，часы́ 時計

4.2　形容詞の性数変化 (2)

形容詞の軟変化と，語幹が -ж-, -ч-, -ш-, -щ- でおわる混合変化 II の変化は次のとおりです．混合変化 II は軟変化の女性形の語尾が正書法（**0.16**）により -ая となっている，とみなすのが実用的です．

	男	女	中	複
軟変化	си́н-ий	си́н-яя	си́н-ее	си́н-ие
混合変化 II	хорóш-ий	хорóш-**ая**	хорóш-ее	хорóш-ие

4.3　名詞類の格

ロシア語では，文中における名詞（代名詞）の役割がそれぞれの末尾の**格語尾**によって示されます．格は，**主格**（…は：見出し形），**生格**（…の），**与格**（…に），**対格**（…を），**造格**（…で；…として），**前置格**（**4.4**）の 6 つで，形容詞もまた性と数だけでなく，格によっても変化します．

　★格語尾については巻末の文法表を参照し，参照するたびに印をつけるなどしてご活用ください．

4.4 前置格

前置格はつねに前置詞とともに用いられて特定の意味を表します。名詞の前置格語尾は次のとおりです。アクセントの移動するものもあります。

男・中	-е	уро́к → уро́к-е, музе́й → музе́е, письмо́ → письме́
女	-е/-и	гита́ра → гита́ре, дере́вня → дере́вне, тетра́дь → тетра́ди
複	-ах/-ях	уро́ках, музе́ях, пи́сьмах, библиоте́ках, тетра́дях

★単数形主格が -ие（中），-ия（女）でおわる名詞は -ии になります：упражне́ние → упражне́нии, аудито́рия → аудито́рии

★変化表では前置格は，前置格を要求する前置詞 о（…について）とともに掲げてあります：о ком 誰について？（＜кто），о чём 何について？（＜что）。なおこの о は母音の前で об となります：об аудито́рии 教室について

形容詞の前置格語尾は，単数の男性・中性は **-ом/-ем**，女性は **-ой/-ей**，複数は **-ых/-их** です（⇒表 **3.1**）：о но́вом уро́ке, о но́вом письме́, о но́вой библиоте́ке, о но́вых пи́сьмах

4.5 前置詞 в/на と場所の表現

前置詞の в または на と前置格を使うことで，あるものが存在する場所や運動の行われる場所を表すことができます。前置詞 в は「…の中」を，на は「…の上」を表します。

　Карандаши́ **в столе́**, а альбо́м где́-то **на столе́**. 　鉛筆は机の中で，アルバムはどこか机の上にある。〔в と на の対比を強調するために，本文では на にアクセントを置いています。〕

ただし на を使って場所「…で」を表す一連の名詞があり，この場合，どの単語が на を要求するかは個別に覚えるしかありません。この意味で на を用いる名詞は限られているため，на を用いる場合を覚えておくのが効率的です（⇒表 **2.6**）。

　Он рабо́тает **на заво́де**. 　彼は工場で働いている。

★前置詞 в と服飾品（衣服，メガネ）の前置格とで「…を身につけている」の意味を表します：в очка́х「メガネを掛けた」等

4.6 特殊変化：овать 動詞

第1変化動詞（**2.2**）には -овать/-евать で終わる一連の動詞があり，これらの動詞では不定形の -овать/-евать を -у に代えた形が現在語幹になります。

рисова́ть[1]			
я	рису́-ю	мы	рису́-ем
ты	рису́-ешь	вы	рису́-ете
он/она́	рису́-ет	они́	рису́-ют

語法メモ (2) как を使った便利な表現　第1課に Как дела́?（調子はどうですか？）という表現が出てきました。дела́ は具合や調子を意味する名詞で，как は「どのように」や「どのようであるか」をたずねる疑問詞です。あわせて次の表現を覚えておくと便利です：

Как ва́ша фами́лия / ва́ше о́тчество?　あなたの苗字／父称は何ですか？

Как э́то по-ру́сски?　これはロシア語で何といいますか？

Как по-ру́сски «dictionary»?　ロシア語で dictionary を何といいますか？

Упражнения 3

1 カッコ内に он, она́, оно́ から適切な人称代名詞を選んで入れましょう。
1) Где наш студе́нт? — Вот (　　　　).
2) Где твоё письмо́? — (　　　　) там.
3) Где твой па́па? — (　　　　) здесь.
4) Где ва́ша тетра́дь? — Вот (　　　　).

2 例にならって問いに対する答えをつくりましょう。
例) Чей э́то уче́бник? これは誰の教科書ですか。(мой)
　→ Э́то мой уче́бник. これは私の教科書です。
1) Чьё э́то письмо́? (твой)
2) Чья э́то маши́на? (наш)
3) Чьё э́то и́мя? (его́)
4) Чьи э́то роди́тели? (их)
♠ уче́бник 教科書, маши́на 車

3 カッコ内の語を適当な形にして語句を訳しましょう。
1) (э́тот но́вый) уче́бник
2) (э́тот весёлый) студе́нтка
3) (э́тот тру́дный) упражне́ние
4) (э́тот молодо́й) роди́тели
5) (тот но́вый) пе́сня
♠ тру́дный 難しい, пе́сня 歌

4 次の文を訳しましょう。
1) Его́ двою́родный брат сейча́с чита́ет э́то письмо́.
2) Ва́ши роди́тели хорошо́ понима́ют по-ру́сски.
3) Э́тот студе́нт не зна́ет, чей э́то уче́бник.
4) Что означа́ет ва́ше и́мя? — Оно́ означа́ет «до́брый».
5) Вы зна́ете, что чита́ет э́та молода́я учи́тельница?
♠ означа́ть[1] 意味する

5 次の文をロシア語に訳しましょう。
1) 彼の両親はとても若いと私は思います。
2) この練習問題がとても難しいことを彼女はよくわかっています。
3) 彼女の車がどこにあるか，きみは知ってる？
4) 私の父は彼らが何をしているかを理解していない。

Упражнения 4

1 次の名詞を複数形にしましょう。
1) журна́л 2) студе́нт 3) газе́та 4) учи́тельница 5) музе́й 6) уро́к 7) студе́нтка 8) брат
♠ журна́л 雑誌, газе́та 新聞

2 例にならって名詞を複数形にしましょう。
例) Чей э́то каранда́ш? — Э́то твой каранда́ш.
   → Чьи э́то карандаши́? — Э́то твои́ карандаши́.
1) Чья э́то маши́на? — Э́то на́ша маши́на.
2) Чьё э́то письмо́? — Э́то моё письмо́.
3) Как вы ду́маете, чья э́то тетра́дь? — Я ду́маю, что э́то его́ тетра́дь.

3 主語を単数形に変えて文を書き換え、訳しましょう。
1) Э́ти весёлые соба́ки её.
2) Э́ти хоро́шие журна́лы ва́ши.
3) Э́ти ста́рые си́ние тетра́ди твои́.

4 カッコ内の名詞を前置格にして入れましょう。
1) Её брат игра́ет в (парк).
2) Мой оте́ц сейча́с на (ку́хня).
3) Ты не зна́ешь, где мои́ очки́? — Зна́ю. Вот они́, на (стол) спра́ва.
4) В (но́вый музе́й) рабо́тает моя́ подру́га.
5) Ты зна́ешь, кто э́тот челове́к в (очки́)?
♠ парк 公園, ку́хня キッチン; 台所 [на...], подру́га 友だちの女性, челове́к ひと; 人間

5 次の文を訳しましょう。
1) Я ду́маю о нём, а он ду́мает обо мне.
2) Я не зна́ю, почему́ он спра́шивает о ней.
3) Её брат рабо́тает на ма́ленькой по́чте в дере́вне.
4) Как вы ду́маете, о чём э́тот фильм?
5) Его́ роди́тели рабо́тают не на заво́де, а в музе́е.
♠ нём 前<он, обо<о〔я の前置格 мне の前で; 無アクセント〕, спра́шивать[1] たずねる; 訊く, ней 前< она́, ма́ленький 小さい, по́чта 郵便局 [на...], фильм 映画

УРОК 5 (пять)

ユーラとお母さんのニーナが話しています

〖♪：32〗

Юра: Мама, а ты какие иностранные языки знаешь?

Нина: Английский, а что?

Юра: Знаешь нашу новую учительницу, Елену Дмитриевну? Она говорит по-немецки, по-французски и пишет большую книгу про французскую грамматику. А ещё она говорит, что сейчас изучает китайский язык и каждое утро повторяет старые слова и учит новые.

Нина: Это здорово. А я, например, уже давно хочу учить испанский.

Юра: Зачем? Ты уже знаешь английский.

Нина: Да, на работе я говорю и пишу на нём каждый день. А тебя какой язык интересует? Не хочешь учить японский? Ты ведь каждую неделю смотришь японские мультики.

Юра: Я думаю, здорово смотреть их по-японски!

Слова к уроку   [♪ : 33]

какóй どのような	кáждый それぞれの；毎…
инострáнный 外国の	ýтро 朝；午前
англи́йский イギリスの；英語の	повторя́ть¹ 繰り返す；復習する
а что? それが何か？	словá 複・対＜слóво 単語
нáшу 女・対＜наш	учи́ть²* 学ぶ（＝изучáть¹）
Елéна Дми́триевна エレーナ・ドミートリエヴナ（女性の名・父称）	напримéр たとえば
говори́ть² 話す	давнó 以前から
по-немéцки ドイツ語で；ドイツ風に	хотéть 欲しい；…したい
по-францýзски フランス語で；フランス風に（発音 по-францý[с]ки）	испáнский スペインの；スペイン語の
писáть 書く	зачéм どうして；なんのために
большýю 女・対＜большóй 大きい	рабóта 仕事；職場［на...］
кни́га 本；書物	нём 前＜он
про 〔前置詞〕(＋対)…について	на нём＝на англи́йском языкé 英語で
францýзский フランスの；フランス語の（発音 францý[с]кий）	тебя́ 対＜ты
граммáтика 文法（発音 гра[м]áтика）	интересовáть⁽¹⁾ （＋対）…(人)の興味を引く
а ещё そのうえ	япóнский 日本の；日本語の
кити́йский 中国の；中国語の	ведь だって…でしょう〔無アクセント〕
	недéля 週
	смотрéть²* 見る；観る
	мýльтик アニメ（俗）

Перевод

ユーラ　ねえママ，ママはどんな外国語を知ってるの？
ニーナ　英語を知ってるけど，それがどうしたの？
ユーラ　ぼくたちの新しい先生のエレーナ・ドミートリエヴナのこと知ってる？ 先生はドイツ語とフランス語が話せて，フランス語の文法について大きな本を書いてるんだよ。それから先生がいうには，いま中国語を勉強していて毎朝前に習った単語の復習をしたり新しい単語を覚えたりしてるんだって。
ニーナ　それはすごいわね。お母さんもたとえばスペイン語は前から勉強したいなって思ってるの。
ユーラ　なんで？ ママはもう英語がわかるじゃん。
ニーナ　そうね，職場では毎日英語で話したり書いたりしてるんだけど。ユーラはどんな外国語に興味があるの？ 日本語は勉強したくない？ だってユーラは毎週日本のアニメをみてるじゃない。
ユーラ　日本のアニメが日本語でみれたらすごいかも！

ロシアのマスコット　ロシアの国民的マスコットといえばチェブラーシカ Чебурáшка ですが，幼児番組『おやすみ，子供たち Спокóйной нóчи, малыши́!』に出てくる子ブタの Хрю́ша，ウサギの Степáшка，犬の Фи́ля も忘れるわけにはいきません。この番組内のアニメシリーズ『マーシャと熊 Мáша и Медвéдь』は 2009 年の放映開始以来人気を博し，おてんば娘のマーシャと熊のミーシャも現代ロシアを代表するキャラクターとしてすっかり定着しています。また日本ではまったく知られていませんが，A.A. ミルン原作のクマのプーさん Ви́нни Пух はソ連時代に独自にアニメ化され，今でもロシアでプーさんといえば，どちらかというとタヌキに似たこのキャラクターのことを思い浮かべる人が多いようです。

第5課

5.1 第2変化動詞

第2変化では，不定形語幹（**2.2**）の末尾の母音を除いたものが現在語幹となり，そこへ次の現在人称語尾をつけます：**-ю, -ишь, -ит; -им, -ите, -ят**．第2変化ではアクセントの移動を伴うことがあり，単2でアクセントが単1と異なる場合，単1以外のすべての形で単2とおなじ位置にアクセントがきますので，第2変化動詞を覚える際には，不定形と単1と単2の形をアクセントの位置とともに覚えるのが実用的です．

	говори́ть²				смотре́ть²*		
я	говор-ю́	мы	говор-и́м	я	смотр-ю́	мы	смо́тр-им
ты	говор-и́шь	вы	говор-и́те	ты	смо́тр-ишь	вы	смо́тр-ите
он/она́	говор-и́т	они́	говор-я́т	он/она́	смо́тр-ит	они́	смо́тр-ят

★以後，第2変化の動詞は右肩の2で示し，アクセントの移動を伴う場合はさらに*を添えます．1, 2, 2*のいずれもついていない動詞については，そのつど文法表（⇒表 **5.2**, **5.3**, **5.4**）に印をつけて変化の形を確認していくことを強くおすすめします．

5.2 対格

対格は単独で他動詞の直接目的語（…を）となる形です．男性名詞（人間など生物を表すものを除く）およびすべての中性名詞の対格は形容詞も含めて主格とおなじですが，-а/-я で終わる女性名詞の単数対格の語尾は **-у/-ю** となります．-ь で終わる女性名詞の対格は主格とおなじです．形容詞の女・単・対の語尾は **-ую/-юю** です（⇒表3）

主	но́вый журна́л	но́вое письмо́	но́вая кни́га	но́вая тетра́дь	О́льга	А́ня
対	но́вый журна́л	но́вое письмо́	но́вую кни́гу	но́вую тетра́дь	О́льгу	А́ню

О́льга чита́ет **но́вую кни́гу**．　オリガは新しい本を読んでいる．

人称代名詞および疑問代名詞 кто, что の対格は次のとおりです．

主	я	ты	он/оно́	она́	мы	вы	они́	кто	что
対	меня́	тебя́	его́	её	нас	вас	их	кого́*	что

＊ кого́ は ко[в]о́ と発音します．

Они́ хорошо́ зна́ют **тебя́**．　彼らはきみのことをよく知っている．

Меня́ интересу́ет ру́сский язы́к．　私はロシア語に興味がある．（主語は ру́сский язы́к）

3人称の対格 его́, её, их は所有代名詞（**3.2**）と見かけはおなじですが文中での役割が異なりますので注意してください．

Мы зна́ем его́．　私たちは彼を知っている．（人称代名詞 он の対格）

Мы зна́ем **его́** кни́гу．　私たちは彼の本を知っている．（所有代名詞 его́）

なお，時をあらわす語句の対格は副詞として使われます：ка́ждый день 毎日（…する），ка́ждую неде́лю 毎週（…する；対＜ка́ждая неде́ля）

5.3　形容詞の性数変化（3）

混合変化 III は硬変化 B（**3.3**）に準じ，語幹が -г-，-к-，-х-，-ж-，-ч-，-ш-，-щ- で終わります。疑問詞 какóй（どのような）は混合変化 III とおなじ変化をします。(⇒表 **3.1, f**)

	男	女	中	複
混合変化 III	большóй	большáя	большóе	больши́е
疑問詞	какóй	какáя	какóе	каки́е

5.4　不規則動詞 хотéть

хотéть の現在活用は，単数が第 1 変化の，複数が第 2 変化の人称語尾をとり，アクセントの位置も不規則です。動詞の不定形を伴うと「…したい」の意味になります。

я	хочу́	мы	хоти́м
ты	хо́чешь	вы	хоти́те
он/она́	хо́чет	они́	хотя́т

5.5　動詞 писа́ть

第 1 変化に似ていますが，現在語幹が不定形語幹と異なり（пиш-），また単数 2 人称以下，アクセントが語幹に移るなど不規則です。

я	пишу́	мы	пи́шем
ты	пи́шешь	вы	пи́шете
он/она́	пи́шет	они́	пи́шут

5.6　名詞の省略

文脈から意味が明らかな場合，形容詞と名詞の結合から名詞が省略されることがよくあります：учи́ть ру́сский (язы́к) ロシア語を学ぶ

5.7　語順

ロシア語では単語どうしの関係はおもに語尾で示されるため，語順は比較的自由です。一般に疑問詞は文頭にたつのがふつうですが，本文の冒頭では，а ты каки́е иностра́нные языки́…? と，主語 ты が疑問詞の前に立ち，偶然，日本語訳とおなじ語順になっています。

　ロシア語ではふつう，主語と動詞と目的語はこの順序で並び，たとえば「サーシャは新聞を読んでいる」は下の (A) のようになりますが，他にも主語と目的語を入れ替えた (B) のような語順も可能です。主語が文末に立つことは珍しくありません。

　　　　(A)　Cа́ша чита́ет газе́ту.
　　　　(B)　Газе́ту чита́ет Cа́ша.

　一般に，発話のなかで前提となっている情報は文頭に近く，注目されるべき新しい情報は文末に近く位置する傾向があります。したがって上の 2 つの文は，いずれもサーシャが新聞を読んでいる，という「おなじ」事実を伝えてはいますが，(B) では Cа́ша（サーシャ）こそが注目されるべき新情報であり，「新聞を読んでいるのはサーシャだ」に近いニュアンスを伝えています。言いかえれば，(A) は (イ) Что чита́ет Cа́ша? という問いに，(B) は (ロ) Кто чита́ет газе́ту? という問いに，それぞれ答えているともいえます。

　なお，疑問詞を含む疑問文のなかでは代名詞の主語は動詞の直前にたつ，という原則があり，(イ) の主語を он で指し示す場合は，Что он чита́ет? という語順になるのがふつうです。

УРОК 6 (шесть)

ロシア語の授業で文夫がサモワールについてたずねています

〖♪：34〗

Игорь: Итак, на сегодня всё. На следующем уроке у нас контрольная работа. Мики, у вас есть вопросы?

Мики: Нет. Всё понятно.

Игорь: А у вас, Фумио, есть какие-нибудь вопросы?

Фумио: Да, я хочу спросить о русском самоваре. Скажите, пожалуйста, у каждой ли семьи в России есть свой самовар?

Игорь: Хороший вопрос. Да, конечно, самовар для русских — символ домашнего уюта, но он есть не у всех, потому что это вещь не для городской квартиры. Например, у меня дома только электрический чайник, но у родителей моей жены есть настоящий самовар.

Мики: У нас в столовой около кассы тоже стоит большой электрический самовар. Наверно, чай из настоящего самовара очень вкусный...

Слова к уроку　　　　　　　　　　　　　　　　　　　　　　　　【♪：35】

ита́к	それでは
на	〔前置詞〕（＋対）…用に（目的・用途）
сего́дня	今日（発音 се[в]о́дня）
всё	中＜весь　…の全体；すべての…
сле́дующий	次の
у	〔前置詞〕（＋生）…のもとに；…のところに
контро́льная	小テスト
контро́льная рабо́та	テスト；小テスト
есть	…がある・いる
вопро́с	質問；問題
поня́тно	〔述語〕あきらかだ；わかる
како́й-нибудь	なんらかの…；なにかの…
спроси́ть	たずねる；訊く
самова́р	サモワール
скажи́те	教えてください
пожа́луйста	どうぞ；どういたしまして（発音 пожа́[лс]та）
ли	〔疑問の助詞；無アクセント〕…かどうか
Росси́я	ロシア（発音 ро[с]и́я）
свой	自分の
коне́чно	もちろん（発音 коне́[ш]но）
для	〔前置詞〕（＋生）…にとって；…のために
си́мвол	シンボル；象徴
дома́шний	家の；家庭の
ую́т	快適さ
всех	複・生＜весь
вещь	〔女〕（漠然と）モノ；物事；品物
городско́й	都会の（発音 горо[ц]ко́й）
кварти́ра	家（集合住宅内の一住戸）
то́лько	…だけ；…のみ
электри́ческий	電気の；電動の
ча́йник	湯沸かし器；ポット
роди́телей	生＜роди́тели
мое́й	女・生＜мой
жена́	妻（複 жёны）
настоя́щий	本物の
о́коло	〔前置詞〕（＋生）…のそばに
ка́сса	レジ
стоя́ть²	立っている
наве́рно	たぶん（＝наве́рное）
чай	紅茶
из	〔前置詞〕（＋生）…から
вку́сный	おいしい

Перевод

イーゴリ	では今日はここまで。次の授業はチェックテストということで。美紀さん，質問はありますか？
美紀	いえ。ぜんぶわかりました。
イーゴリ	文夫さんはどうですか。なにか質問はありますか。
文夫	はい。ロシアのサモワールについてお伺いしたいのですが，ロシアではどの家庭にもサモワールがあるんでしょうか？
イーゴリ	いい質問です。そうですね，もちろん，ロシア人にとってサモワールは心地よい家庭の象徴なんですが，そもそも都会の住宅のためのものではないので，どの家にもあるというわけではないです。たとえば私の家には電気ポットしかありませんが，妻の両親の家には本物のサモワールがあります。
美紀	うちの学生食堂のレジのわきにも大きな電気式のサモワールがありますよね。きっと本物のサモワールの紅茶はおいしいでしょうね……

サモワール　サモワールとは紅茶を淹れるための銅製・黄銅製の湯沸かし器です。19 世紀にモスクワ南方の町トゥーラ Ту́ла で生産が本格化して以来，マトリョーシカ матрёшка やバラライカ балала́йка とならんでロシア文化を象徴するアイテムとなってきました。水を注ぐ胴部の中心に円筒が通っていて，そこに上から木炭や松ぼっくりを入れ，その熱で湯を沸かすしくみですが，色々な意匠を凝らしたものがあります。上蓋に載せたポットで紅茶を濃く煮出し，それを適量注いだカップに，本体下部の蛇口からお湯を加えて薄めればロシアンティーのできあがり。自家製ジャム варе́нье や蜂蜜 мёд をなめながら楽しむのがロシア風です。

第6課

6.1 生格

名詞の生格は，単独で直前の別の名詞を修飾し，《所有，所属，母体，限定》など，ほぼ日本語の助詞「の」が意味する関係を表す格です：роди́тели жены́［生］妻の両親，цвет мо́ря［生］海の色，си́мвол Росси́и［生］ロシアの象徴，уро́к ру́сского языка́［生］ロシア語の授業．

単数生格の語尾は次のとおりです．男性・中性は **-а/-я**，女性では **-ы/-и** が特徴です．

	男	中	女
語尾	(1) -子音字 → +а (2) -й/-ь → -я	(1) -о → -а (2) -е(-ё) → -я (3) -мя → -мени	(1) -а → -ы (2) -я/-ь → -и
例	(1) студе́нт → студе́нта оте́ц → отца́ (2) чай → ча́я день → дня	(1) сло́во → сло́ва (2) мо́ре → мо́ря (3) и́мя → и́мени	(1) сестра́ → сестры́ библиоте́ка → библиоте́ки (2) аудито́рия → аудито́рии тетра́дь → тетра́ди

複数生格の語尾は次のとおりです．複雑ですが，そのつど確認するのが近道です（⇒表 2.5）．

	男	中	女
語尾	(1) -子音字 → +ов (2) -й → -ев (3) -ж, -ч, -ш, -щ, -ь → +ей	(1) -о → ゼロ（取り除く） (2) -е(ё) → -ей (3) -мя → -мён	(1) -а → ゼロ (2) -я → -ь (3) -ь → -ей
例	(1) студе́нт → студе́нтов (2) музе́й → музе́ев (3) каранда́ш → карандаше́й день → дней	(1) сло́во → слов (2) мо́ре → море́й (3) и́мя → имён	(1) кни́га → книг сестра́ → сестёр (2) неде́ля → неде́ль (3) тетра́дь → тетра́дей

★ -ие（中）および -ия（女）に終わる名詞の複数生格語尾は -ий です：упражне́ние → упражне́ний, аудито́рия → аудито́рий

形容詞の生格は次の語尾をとります：（男・中）**-ого/-его**（г は［в］と発音します），（女）**-ой/-ей**（複）**-ых/-их**（⇒表 3.1）；но́вого, но́вой, но́вых．

人称代名詞と кто の生格は対格（**5.2**）とおなじです．что の生格は чего́ です（発音 че[в]о́）．

人称代名詞の生格が名詞を修飾して「…の」の意味を表すことはなく，「私の本」は *кни́га меня́ ではなく所有代名詞（**3.2**）を使って моя́ кни́га といいます．

6.2 前置詞 у と所有の表現

ロシア語では，「A は B を持っている」は，生格を要求する前置詞 у（…のところに；…のもとに）を用い，《**前置詞 у＋A［生格］＋есть**（ある）**＋B［主格］**》という構文（A には B がある）で表します．есть は動詞 быть（…がある・いる；…である）の現在形ですが，現在時制ではつねに есть の形で「…が

ある・いる」の意味で用います。

　　У меня́ есть вопро́с.　私は質問があります。
　　У Са́ши есть соба́ка.　サーシャは犬を飼っている。

　現在時制において，有無そのものが問題になっている場合には есть は必須ですが，それ以外の場合（持っているものの特徴が問題になっている場合など）は省かれます。

　　У Ни́ны си́ние глаза́.　ニーナは青い目をしている。

　★生格の場合に限らず，3人称の人称代名詞は前置詞の直後に立つとき，語頭に子音 н が挿入されます： у него́ / у неё / у них.

6.3　疑問文のつくりかた (2)
疑問の中心となる単語の直後に助詞 ли をつけて文頭に移し，その単語のアクセント音節を高く発音することによっても疑問文をつくることができます。

　　Говори́те **ли** вы по-япо́нски?　あなたは日本語を話しますか？
　　У ка́ждой **ли** семьи́ есть свой самова́р?　各家庭におのおのサモワールがあるんですか？

6.4　定代名詞 весь
定代名詞 весь は性数に応じて次のように変化します：весь（男），вся（女），всё（中），все（複）。単数形は「…の全体」を表しますが，複数形は「すべての…」を表します：всё письмо́ 手紙全体；все пи́сьма すべての手紙。また単数中性形 всё は「ぜんぶ，すべて」を，複数形 все は「全員，みんな」を表し，それぞれ単独で使うことができます (⇒表 **1.5**)。

　　Э́то всё.　これでぜんぶです。
　　Самова́р есть не у всех.　すべての人がサモワールをもっているわけではない。

6.5　名詞として使われる形容詞
一部の形容詞は名詞を伴わずに単独で名詞として使われます。格語尾は形容詞 (⇒表 **3**) と同一です。
・人を表す形容詞： ру́сск-ий, -ая, -ие ロシア人（男，女，複）
・場所や店の名（女性形で）： столо́вая 食堂 (в столо́в**ой**［前］食堂で)，проходна́я 守衛所 (15課), гости́ная 客間 (19課)
・抽象名詞（中性形で）： но́вое 新しいもの

6.6　у（人）в/на…の表現
たとえば「私たちの食堂で」という場合，前置詞 в と名詞句 на́ша столо́вая の前置格 (**4.4**) を使って в на́шей столо́вой ともいえますが，в столо́вой の前に у нас を添えた型の表現が多く用いられます。意味はおなじです：у нас в столо́вой＝в на́шей столо́вой

Упражнения 5

1 カッコ内の単語を適切な形にして入れ，文を訳しましょう。
1) Я (говори́ть) о́чень бы́стро.
2) О ком вы (говори́ть)?
3) Мы (говори́ть) о вас.
4) На́ши роди́тели (смотре́ть) телеви́зор.
5) На окне́ (стоя́ть) цветы́.
♠ бы́стро 速く，вас 前＜вы，телеви́зор テレビ，окно́ 窓，стоя́ть² 立っている，цветы́ 複＜цвето́к 花

2 カッコ内の語句を対格にして入れ，文を訳しましょう。
1) Ты зна́ешь э́ту (де́вочка)?
2) Да, я (она́) зна́ю.
3) Э́ти студе́нты рису́ют (А́нна).
4) (Ка́ждая неде́ля) они́ смо́трят япо́нские мультфи́льмы.
5) (Я) интересу́ют после́дние ру́сские фи́льмы.
♠ э́ту 女・対＜э́тот，мультфи́льм アニメ番組・映画，после́дний 最近の

3 カッコ内の単語を適切な形にして入れましょう。
1) (Како́й) э́то газе́та?　それはどんな新聞ですか。
2) (Како́й) му́зыку она́ слу́шает?　彼女はどんな音楽を聴いていますか。
3) Вы не (хоте́ть) чита́ть э́ту газе́ту?　あなたはこの新聞を読みたくありませんか。
4) Каки́е часы́ ты (хоте́ть)?　きみはどんな時計がほしいの？
5) Сейча́с она́ (писа́ть) о́чень интере́сную кни́гу.　今彼女はとてもおもしろい本を書いている。
♠ му́зыка 音楽，слу́шать¹ 聴く，интере́сный おもしろい

4 次の文の主語を代名詞に変えて言い換えましょう。
1) Каки́е часы́ хо́чет твой друг?
2) Каки́е слова́ смо́трит в словаре́ э́та студе́нтка?
3) На како́м языке́ говоря́т э́ти студе́нты?
♠ друг 友だち，слова́рь [男] 辞書 (前置格 словаре́), смотре́ть в словаре́ 辞書で調べる

5 次のテキストを訳しましょう。
Ни́на: А́ня, что ты де́лаешь?
А́ня: Пишу́ письмо́ подру́ге.
Ни́на: Но ты ма́ленькая, ты не уме́ешь писа́ть!
А́ня: Э́то не ва́жно! Моя́ подру́га то́же ма́ленькая, она́ не уме́ет чита́ть.
♠ подру́ге (女の) 友だち (подру́га) に，ва́жно〔述語〕だいじだ

Упражнения 6

1 カッコ内の単語を適当な形に変えて会話を完成しましょう。
1) Чей э́то уче́бник?　これは誰の教科書ですか。　— Э́то уче́бник (Алекса́ндр).　それはアレクサンドルの教科書です。
2) Чья э́то ба́бушка?　— Э́то ба́бушка (И́горь).
3) Чей муж И́горь?　イーゴリは誰の夫ですか。　— Он муж (Ни́на).　彼はニーナの夫です。
4) Чей брат Юра?　— Он брат (А́ня).
♠ ба́бушка 祖母；おばあちゃん, муж 夫

2 カッコ内の語句を生格にして，語句を訳しましょう。
1) фами́лия и и́мя (студе́нт)
2) преподава́тели ва́шего (университе́т)
3) письмо́ мое́й (сестра́)
4) студе́нты из (Москва́)
5) уро́к (ру́сский язы́к)
6) кни́ги для (иностра́нные студе́нты)
♠ преподава́тель [男]講師, ва́шего (発音 ва́ше[в]о) 男・生＜ваш, университе́т 大学, мое́й 女・生＜мой, Москва́ モスクワ

3 カッコ内の代名詞を適切な形に変えて，訳しましょう。
1) У (я) сего́дня ве́чером есть свобо́дное вре́мя.
2) У (вы) есть бра́тья и́ли сёстры?
3) У (кто) за́втра контро́льная рабо́та?
4) Каки́е у (она́) глаза́?　— У (она́) чёрные глаза́.
♠ ве́чером 晩に, свобо́дный 自由な, вре́мя 時間, чёрный 黒い

4 例にならって次のロシア語を書き換え，訳しましょう。
例) В на́шей кварти́ре есть свобо́дная ко́мната.
　　→ У нас в кварти́ре есть свобо́дная ко́мната.　私たちの家には空き部屋がある。
1) В ва́шем рестора́не есть пиани́но?
2) На твоём заво́де рабо́тают хоро́шие инжене́ры.
3) В его́ ко́мнате есть электри́ческий ча́йник.
4) На мое́й ку́хне стои́т большо́й холоди́льник.
♠ ко́мната 部屋, ва́шем 男・前＜ваш, рестора́н レストラン, пиани́но ピアノ, твоём 男・前＜твой, инжене́р 技師, холоди́льник 冷蔵庫

УРОК 7 (семь)

文夫と美紀の多忙な毎日

〚♪ : 36〛

«Последнее время я о́чень за́нят. Встаю́ ра́но, умыва́юсь, на́скоро за́втракаю и с утра́ занима́юсь в библиоте́ке. Дома́шние зада́ния я де́лаю ве́чером, а у́тром я повторя́ю вчера́шний материа́л. Я до́лжен занима́ться так мно́го, потому́ что на сле́дующей неде́ле у нас начина́ются экза́мены. По́сле экза́менов я собира́юсь хорошо́ отдохну́ть у дру́га на да́че.»

«Сего́дня я была́ в гостя́х у подру́ги. Её зову́т Ната́ша. До университе́та мы вме́сте учи́лись в Япо́нии. У неё ма́ма япо́нка, а па́па ру́сский, и тепе́рь она́ то́же у́чится в Москве́. Ра́ньше мы встреча́лись дово́льно ча́сто, но после́днее вре́мя ре́дко ви́димся, потому́ что мы здесь о́чень за́няты. Кро́ме того́, Ната́ша была́ немно́го больна́. Я ра́да, что она́ совсе́м попра́вилась.»

Слова к уроку [♪:37]

занято́й 忙しい	быть в гостя́х お客にいく；訪ねる
встава́ть(1) 起床する；起きあがる	Ната́ша ナターシャ（女性の名 Ната́лья の愛称）
ра́но 早く	до 〔前置詞〕（＋生）…まで
умыва́ться1 顔を洗う	вме́сте いっしょに
на́скоро 急いで；さっさと	учи́ться2* 学ぶ；学業する
за́втракать1 朝食を食べる	Япо́ния 日本
с 〔前置詞〕（＋生）…から	япо́нка 日本人の女性
занима́ться1 働く；勉強する	тепе́рь いま
зада́ние 課題	ра́ньше 以前は
у́тром 朝に；午前中に	встреча́ться1 会う
вчера́шний きのうの	ча́сто ひんぱんに
материа́л 教材；材料	ре́дко めったに…ない
до́лжен （＋不定形）…するべきだ；…するはず	ви́деться(2) (ви́жусь, ви́дишься) 会う
так それほど；とても	кро́ме того́ それだけでなく（発音 то[в]о́）
мно́го たくさん	немно́го 少し
начина́ться1 はじまる	больно́й 病気の；病んだ
экза́мен 試験	рад うれしい
по́сле 〔前置詞〕（＋生）…のあとで	совсе́м まったく
собира́ться1 （＋不定形）…するつもりだ	попра́виться 回復する；太る
отдохну́ть(1) ひと休みする	звать 呼ぶ
да́ча ダーチャ [на...]	вчера́ きのう
быть …がある・いる；…である	всегда́ いつでも；つねに
гость [男] 客	

Перевод

「僕は最近とても忙しい。朝はやく起きて，顔を洗い，あわただしく朝ご飯を食べて，朝から図書館で勉強です。宿題は夜やって，朝はきのうの復習です。こんなにたくさん勉強しなければならないのは，ぼくたちは来週にはもう試験がはじまるからです。試験のあとは友だちのダーチャでたっぷり休むつもりです。」

「今日は友だちのところに遊びにいってきました。彼女はナターシャといいます。大学に入るまで私たちは日本で同級生でした。彼女はお母さんは日本人ですが，お父さんがロシア人で，今は彼女もモスクワで学んでいます。以前はかなりよく会っていましたが，最近はほとんど会いません。というのも，私たちはここではとても忙しいからです。それにナターシャはちょっと病気をしていたのです。彼女がすっかりよくなったので嬉しいです。」

ダーチャとは ダーチャとは都市生活者が郊外にもつ家庭菜園つきのセカンドハウスのことです。敷地面積はほぼ300平米ほどで，一部富裕層の豪華な別荘を除けば，ダーチャの多くは比較的簡素な木造家屋ですが，夏になると，市民の多くは週末ごとにダーチャに通い，菜園の手入れやアウトドアライフを楽しみます。ダーチャに客を招いて，周囲の森を散策し，庭でシャシリク шашлы́к（肉の串焼き）を楽しんだりするのもよくある過ごし方です。ダーチャは本来皇帝から下賜される官給の別荘で，当時の貴族は夏を過ごすヴィラとして用いていました。19世紀の末ごろには市民にも広まり，ソ連時代の食糧難を支えたのもダーチャの家庭菜園でした。

第 7 課

7.1 СЯ 動詞
занима́ться や учи́ться のように接尾辞 **-ся** で終わる動詞を СЯ 動詞と呼びます。現在人称変化は -ся を除いた部分を活用させてから -ся を添えるだけですが，母音の直後では -ся が **-сь** になります。不定形の末尾の -ться，および単・複 3 人称の末尾の -тся はいずれも [-цца] と発音します。

занима́ться[1]				учи́ться[2*]			
я	занима́ю-**сь**	мы	занима́ем-ся	я	учу́-**сь**	мы	у́чим-ся
ты	занима́ешь-ся	вы	занима́ете-**сь**	ты	у́чишь-ся	вы	у́чите-**сь**
он/она́	занима́ет-ся	они́	занима́ют-ся	он/она́	у́чит-ся	они́	у́чат-ся

СЯ 動詞の多くは，動作が自分自身に及ぶ再帰的行為（умыва́ться[1] 顔を洗う）や，相互の行為（встреча́ться[1] 会う）を表し，その多くが他動詞に -ся を加えた自動詞ですが（начина́ть[1] 始める〔18 課〕: начина́ться[1] 始まる），-ся なしには使えないものもあります: боя́ться[2]（おそれる: 13 課）等。

7.2 動詞の過去形
動詞の過去形は，不定形から -ть を除いた不定形語幹に，主語の数・性に応じて右の過去語尾を加えるだけです。

男	女	中	複
-л	-ла	-ло	-ли

Я хорошо́ отдохну́л у дру́га на да́че.　ぼくは友達のダーチャでよく休んだ。

★ вы が主語の場合，一人の相手を指している場合でも，過去形はつねに複数形です。
★ ある動詞では過去女性形にかぎってアクセントが語末に移動します: быть → была́, звать → звала́

СЯ 動詞の過去形はその後にさらに -ся を加えますが，男性形以外はすべて -сь となります: **-лся**（男），**-лась**（女），**-лось**（中），**-лись**（複）

Я учи́лся в Москве́.　ぼくはモスクワで学んでいた。
Ра́ньше мы встреча́лись дово́льно ча́сто.　私たちは以前かなり頻繁に会っていた。

быть の過去形は場所を表す副詞句を伴うとき，「…に行った・行ってきた」の意味も表します。
Я была́ в гостя́х у подру́ги.　私は友達のところにお客に行ってきました。

быть の過去形に否定の助詞 не がつくと，女性形を除くすべての形で не にアクセントが移ります。

был	была́	бы́ло	бы́ли
не́ был	не была́	**не́ было**	**не́ были**

Я не́ был в гостя́х у дру́га.　ぼくはともだちのところにお客に行きませんでした。

7.3 形容詞の短語尾形
性質を表す形容詞には性・数・格で変化するふつうの形（長語尾形）の他に，格変化をしない短い語尾を持つ短語尾形があります。短語尾形は主語の性・数に応じて語幹に次の語尾を添えてつくります。アクセントが移動する場合については個別に覚えるしかありません。

	男	女	中	複
語尾	-	-a	-o	-ы
краси́вый	краси́в	краси́ва	краси́во	краси́вы
хоро́ший	хоро́ш	хороша́	хорошо́	хороши́
больно́й	бо́лен*	больна́	больно́	больны́
занято́й	за́нят	занята́	за́нято	за́няты

＊語幹末に複数の子音がつづく場合，男性短語尾形で末尾の子音の直前に o/e が挿入されます。

短語尾形はつねに述語として使われます。長語尾形の述語が主語に本来そなわった特徴や属性を表すのに対し，短語尾形の述語は限られた状況での状態や条件つきの特徴を表します。

 Вчера́ она́ была́ о́чень **краси́ва**. きのう彼女はすごくきれいだった。〔おしゃれしていた等〕

 Он всегда́ **бо́лен**. 彼はいつでも病気をしている。〔風邪をひいている等〕

なお次の形容詞には短語尾形しかありません：до́лжен …しなければならない，рад 嬉しい

	男	女	中	複
	до́лжен	должна́	должно́	должны́
	рад	ра́да	ра́до	ра́ды

 Они́ **должны́** бы́ли мно́го занима́ться. 彼らはたくさん勉強しないといけなかった。

7.4　特殊変化：авать 動詞と нуть 動詞

第1変化動詞のうち，不定形が -ава́ть に終わるものは -ва́ть を除いた部分が，不定形が -нуть で終わるものは -уть を除いた部分が，それぞれ現在語幹になります。нуть 動詞は，アクセントが語幹にある場合は人称語尾の母音 ё が e になります。

встава́ть(1)				отдохну́ть(1)			
я	вста-ю́	мы	вста-ём	я	отдохн-у́	мы	отдохн-ём
ты	вста-ёшь	вы	вста-ёте	ты	отдохн-ёшь	вы	отдохн-ёте
он/она́	вста-ёт	они́	вста-ю́т	он/она́	отдохн-ёт	они́	отдохн-у́т

7.5　動詞 звать

「A の名前は B だ」という場合（**1.6**），A を対格にして，B との間に動詞 звать（…と呼ぶ）の現在複数3人称形を置きます。「（彼らは）A を B と呼んでいる」，「A は B と呼ばれている」という意味です。

я	зову́	мы	зовём
ты	зовёшь	вы	зовёте
он/она́	зовёт	они́	зову́т
過去形	звал, звала́, зва́ло, зва́ли		

 Как её зову́т? 彼女は何という名前ですか？（её 対＜она́）

 Её зову́т Та́ня. ターニャです。

УРОК 8 (во́семь)

ニーナとイーゴリの夫妻が話しています

〚♪：38〛

Ни́на: Ты зна́ешь, сего́дня па́па опя́ть мне звони́л из дере́вни. Он тепе́рь звони́т ка́ждое у́тро.

И́горь: А в чём де́ло? Мо́жет быть, ему́ опя́ть не нра́вится план на́шей ле́тней пое́здки?

Ни́на: Да не́т, он про́сто спра́шивает о каки́х-то стра́нных гриба́х! Представля́ешь? Оте́ц говори́т, что в лесу́ о́коло его́ до́ма расту́т каки́е-то незнако́мые грибы́, и спра́шивает, не мо́жешь ли ты поиска́ть в интерне́те каку́ю-нибудь информа́цию о них. А я ему́, коне́чно, сказа́ла, что не на́до меша́ть тебе́ на рабо́те. Ты ведь сейча́с о́чень за́нят.

И́горь: Ничего́. Я всегда́ рад ему́ помо́чь. На са́мом де́ле, к гриба́м на́до относи́ться о́чень осторо́жно.

Слова к уроку

[♪:39]

опя́ть	ふたたび
звони́ть²	電話をかける
чём	前＜что
де́ло	問題；こと；仕事（複 дела́）
в чём де́ло?	なにが問題なのか
мо́жет быть	ひょっとして；ありうる
нра́виться²	気に入っている；好きだ
план	計画
на́шей	女・生＜наш
ле́тней	女・生＜ле́тний 夏の
пое́здка	旅行
да нет	とんでもない*
про́сто	たんに
спра́шивать¹	(＋対)（…に）たずねる；訊く
каки́х-то	複・前＜како́й-то なんらかの
стра́нных	複・前＜стра́нный 奇妙な
гриба́х	複・前＜гриб キノコ（生 гриба́）
представля́ть¹	想像する
лес	森

дом	家（戸建て）；建物（集合住宅）（複 дома́）
расту́т	複3＜расти́ 育つ；生える
незнако́мый	見知らぬ；覚えのない
мочь	…できる；…しかねない
поиска́ть	ちょっと探す
интерне́т	インターネット（発音 ин[тэ]р[нэ]т）
информа́ция	情報
них	前＜они́
сказа́ть	言う
на́до	〔無人述〕（＋不定形）…する必要がある
меша́ть¹	（＋与）…を邪魔する
ничего́	だいじょうぶ；なんでもない（発音 ниче[в]о́）
помо́чь	（＋与）…を手伝う
на са́мом де́ле	実際に；たしかに；実際には
к	〔前置詞〕（＋与）…のほうへ；…に対して
относи́ться	（к＋与）…に接する
осторо́жно	注意深く；気をつけて
когда́	いつ
год	年

* この да は強調の助詞でアクセントがなく，後続の単語と続けて発音されます。

Перевод

ニーナ	ねえ，いなかの父が今日また私のところに電話してきたの。このところ毎朝電話してくるのよ。
イーゴリ	どうしたのかな。ひょっとして僕たちの夏の旅行の計画がまた気に入らないとか？
ニーナ	とんでもない。それがただ，なにかヘンなキノコのことを訊いてくるの。考えられる？ 父がいうには，家の近くの森に，なにか見たことのないキノコが生えてるらしくて，そのキノコについてあなたにインターネットで何か情報を探してもらえないかっていうの。もちろん仕事中のあなたを煩わせることないでしょって父には言ったのよ。あなたは今すごく忙しいんだし。
イーゴリ	かまわないよ。お義父さんの手伝いはいつだって嬉しいからね。じっさいキノコにはかなり注意しないといけないしね。

キノコと食文化　秋風の吹きはじめる8月の終わりから9月にかけて，カゴにどっさりとキノコを収穫したダーチャ帰りの市民の姿は，この季節の風物詩です。キノコはロシアの食文化に欠かせない食材で，ヤマドリダケ бе́лый гриб やアカハツタケ ры́жик настоя́щий などを丁寧に下ごしらえして酢漬けや乾物にし，長い冬の間にさまざまな料理に使います。キノコ入りのクリームソースやスープを壺に入れ，パン生地をかぶせて焼いたキノコのつぼ焼き грибы́ в горшо́чке は，ピロシキ пирожки́ やボルシチ борщ などとともに日本でもポピュラーな東欧料理のレパートリーといえるでしょう。

第8課

8.1 与格と間接目的語

与格は単独で動詞の間接目的語となり，動作の間接の対象や，動作の結果を受けとる人・モノなど，ほぼ日本語の助詞「に」が意味する関係を表します：звони́ть **ста́рому дру́гу** [与] 古い友だちに電話する，писа́ть **но́вой подру́ге** [与] 新しい女友達に(手紙を)書く

名詞の単数与格の語尾は次のとおりです。男性・中性は **-у/-ю**，女性では **-е** が特徴的です。

	男	中	女
語尾	(1) -子音字 → +у (2) -й/-ь → -ю	(1) -о → -у (2) -е(-ё) → -ю (3) -мя → -мени	(1) -а/-я → -е (2) -ь → -и
例	(1) студе́нт → студе́нту (2) чай → ча́ю	(1) письмо́ → письму́ (2) мо́ре → мо́рю (3) и́мя → и́мени	(1) семья́ → семье́* (2) тетра́дь → тетра́ди

* ただし -ия に終わる女性名詞の単数与格語尾は -ии です：аудито́рия → аудито́рии

複数与格は，硬子音に終わる語幹には **-ам** を，軟子音に終わる語幹には **-ям** を付けます（3性共通）。
形容詞の与格は次の語尾をとります：（男・中）**-ому/-ему** （女）**-ой/-ей** （複）**-ым/-им**
人称代名詞および疑問代名詞の与格は次のとおりです。

主	я	ты	он/оно́	она́	мы	вы	они́	кто	что
与	мне	тебе́	ему́	ей	нам	вам	им	кому́	чему́

8.2 нра́виться の用法

нра́виться² (気に入っている) を使って，「A は B が気に入っている」を表す場合，意味上の主語 (A) は与格で表され，気に入られている人や物事 (B) が文法上の主語となり，主格や動詞の不定形（単数3人称中性扱い）で表されます。

　　Ему́ нра́вится э́тот журна́л.　彼はこの雑誌が気に入っている。
　　Мне нра́вится рабо́тать до́ма.　私は家で働くのが好きだ。

8.3 不定代名詞 -нибудь/-то

疑問詞 како́й に接尾辞 -нибудь/-то をつけると，不定代名詞 како́й-нибудь, како́й-то (なんらかの…) になります。いずれも具体的に特定できない名詞や，あえて特定しない名詞を修飾しますが，原則として -то は，特定の人やモノ，時，場所，条件が存在していることを前提にして用います。

　　Есть **каки́е-нибудь** вопро́сы?　なにか質問がありますか？
　　Он говори́т о **како́м-то** стра́нном грибе́.　彼はなにかおかしなキノコについて話している。

-нибудь/-то は что, кто, когда́ (いつ), где などの疑問詞にも添えることができます：кто́-нибудь/кто́-то (だれか), что́-нибудь/что́-то (なにか), где́-нибудь/где́-то (どこか) 等

-нибудь/-то をともなう кто, что はしばしば後続の形容詞で修飾されます：кто́-нибудь незнако́мый 見知らぬ誰か（男），что́-то но́вое なにか新しいこと（中）

8.4 助動詞 мочь

直後に動詞の不定形を伴って可能を表す助動詞 мочь「…できる；…するかもしれない」は現在変化も過去形も特殊です。уме́ть と異なり，мочь は能力ではなく状況によって可能であることを表します。

я	могу́	мы	мо́жем
ты	мо́жешь	вы	мо́жете
он/она́	мо́жет	они́	мо́гут

過去形 мог, могла́, могло́, могли́

Я уме́ю танцева́ть, но сего́дня не могу́, потому́ что больна́. 踊れますが，今日は具合が悪くて踊れません。

8.5 無人称述語 на́до

主格主語のない文を総称して**無人称文**と呼び，無人称文で用いられる述語を**無人称述語**と呼びます。無人称述語 на́до は動詞の不定形をともなって，「…しなければならない；…する必要がある」を表します。無人称文では，意味上の主語を明示する場合，与格で表します。（以後，新出の無人称述語には〔無人述〕と記します）。

Нам на́до относи́ться к гриба́м осторо́жно. 私たちはキノコは慎重にあつかわないと。

過去形にするには на́до の直後に бы́ло を添えます。

Но́вому учи́телю на́до бы́ло мно́го рабо́тать. 新しい先生はたくさん働かなければならなかった。

否定形の не на́до は禁止・不要（…することはない）を表します。

Не на́до! だめです（禁止）／いいです（不要）。

Не на́до меша́ть ему́ на рабо́те. 仕事中の彼を煩わせることはない（煩わせてはいけない）。

8.6 -у́ に終わる前置格語尾

一部の男性名詞は，場所や時間を表す前置詞 в/на に導かれる前置格（**4.4**）の語尾として -у́ をとるものがあります（この -у 語尾には必ずアクセントがあります）。他の前置詞に導かれる場合は規則的に語尾 -е で終わります：в лесу́ 森の中で，в э́том году́ 今年は；о ле́се 森について，об э́том го́де この年について

8.7 動詞 сказа́ть と расти́

сказа́ть

я	скажу́	мы	ска́жем
ты	ска́жешь	вы	ска́жете
он/она́	ска́жет	они́	ска́жут

過去形 сказа́л, сказа́ла, сказа́ло, сказа́ли

расти́

я	расту́	мы	растём
ты	растёшь	вы	растёте
он/она́	растёт	они́	расту́т

過去形 рос, росла́, росло́, росли́

Упражнения 7

1 カッコ内の動詞を適切な現在形にして，文を完成させましょう。
1) Ка́ждое у́тро я（занима́ться）в библиоте́ке.
2) На рабо́те мы（встреча́ться）дово́льно ча́сто.
3) Како́й язы́к ты（собира́ться）изуча́ть в университе́те?
4) Ва́ши де́ти о́чень хорошо́（учи́ться）в шко́ле.
5) Лю́ди（меня́ться）.
♠ шко́ла 学校, лю́ди 人々（複）, меня́ться[1] 変わっていく

2 次の文を過去形にしましょう。
1) Он не зна́ет мой а́дрес.
2) Что вы тут де́лаете?
3) У роди́телей мое́й жены́ есть настоя́щий самова́р.
4) Сего́дня у нас есть контро́льная рабо́та.
5) Они́ на ста́ром заво́де в дере́вне.
6) Меня́ интересу́ет ру́сский бале́т.
7) Мой ребёнок у́чится в четвёртом кла́ссе.
♠ а́дрес 住所, бале́т バレエ, ребёнок 子ども；赤ちゃん, четвёртый 第4の, класс（学校 шко́ла の）学年（発音 кла[с]）

3 次の文を訳しましょう。
1) Вчера́ ты был за́нят? — Нет, я был свобо́ден, но не́ был у него́ на да́че.
2) Как вас зову́т? — Меня́ зову́т Андре́й. Рад познако́миться.
3) Я уве́рена, что ты прав.
♠ познако́миться[2] 知り合いになる, уве́ренный 確信している, пра́вый 正しい

4 次の文をロシア語に訳しましょう。
1) あなたたちは，きのうどこに行ってきたんですか。
2) きのうは私たちは大学に行ってきました。
3) きのう彼女は忙しくありませんでした。
4) 私たちは早く起きて，たくさん働かなければなりませんでした。

5 次のテキストを訳しましょう。
Свяще́нник спра́шивает:
— Ма́льчик, а ты мо́лишься перед едо́й?
— Нет, — отвеча́ет ма́льчик, — моя́ ма́ма хорошо́ гото́вит!
♠ свяще́нник 司祭, спра́шивать[1] たずねる；訊く, моли́ться[2]* 祈る, перед едо́й 食事の前に, отвеча́ть[1] 答える, гото́вить[2] 料理する

Упражнения 8

1 カッコ内の語句を使って質問に答えましょう。
1) Кому́ ты пи́шешь?（друг и оте́ц）
2) Кому́ звони́т Са́ша ка́ждую неде́лю?（сестра́）
3) Кому́ она́ э́то объясня́ет?（И́горь и О́льга）
4) Кому́ вы чита́ете э́ту кни́гу?（ма́ленький внук）
♠ объясня́ть[1] 説明する，внук 孫

2 例にしたがって，文をつくり替えましょう。
例) Брат меша́ет сестре́. → Сестра́ меша́ет бра́ту. → Она́ меша́ет ему́.
1) Жена́ звони́ла му́жу.
2) Молодо́й учи́тель отвеча́ет но́вым студе́нтам.
3) Како́й студе́нт хо́чет помо́чь И́горю Бори́совичу?

3 次の文を訳しましょう。
1) У меня́ к вам больша́я про́сьба.
2) Меня́ интересу́ет, как вы отно́ситесь к э́тому пла́ну.
3) Вам нра́вится смотре́ть япо́нские мультфи́льмы?
4) Тебе́ здесь нра́вится? — Ра́ньше о́чень нра́вилось, но тепе́рь не о́чень.
5) Вы не мо́жете мне помо́чь? — Да, коне́чно.
♠ про́сьба お願い；頼みごと

4 на́до を使って次の文をおなじ意味の文に言い換えましょう。
1) Ты до́лжен говори́ть по-ру́сски.
2) Но́вая учи́тельница должна́ была́ мно́го рабо́тать.
3) На́ши студе́нты должны́ мно́го занима́ться.

5 次の会話を読んでみましょう。
— Я слы́шал, ты жени́лся? Пра́вда?
— Да.
— А почему́ ты э́то сде́лал?
— Мне о́чень не нра́вилось обе́дать в столо́вой на заво́де.
— А тепе́рь?
— Тепе́рь нра́вится...
♠ слы́шать[2] 耳にする；聞こえる，жени́ться[2]*（男性が）結婚する，сде́лать[1] してしまう，обе́дать[1] 昼食をとる

УРОК 9 (де́вять)

夏休みの計画

〖♪: 40〗

Друзья́ разгова́ривают о том, как провести́ ле́тние кани́кулы.

О́ля: Вы зна́ете, я в э́ти кани́кулы бу́ду отдыха́ть в Ту́рции.

Ми́ки: Пра́вда? У меня́ там мно́го друзе́й. Е́сли хо́чешь, ты мо́жешь жить у кого́-нибудь из них.

О́ля: Спаси́бо, Ми́ки. Но я уже́ заказа́ла гости́ницу и купи́ла биле́т на самолёт. Я немно́го волну́юсь, ведь я никогда́ не была́ за грани́цей.

Фу́мио: Не на́до волнова́ться. А что ты бу́дешь де́лать? Бу́дешь осма́тривать достопримеча́тельности?

О́ля: Да, мне интере́сно посмотре́ть истори́ческие места́. Наве́рно, лу́чше зара́нее узна́ть, где что нахо́дится.

Са́ша: Я то́же люблю́ Ту́рцию. Коне́чно, ле́том там жа́рко, но зато́ о́чень краси́во. Лю́ди там тепло́ отно́сятся к иностра́нным тури́стам. По кра́йней ме́ре, у меня́ тако́е впечатле́ние, хотя́ я сам никогда́ там не́ был.

Слова к уроку　　　［♪：41］

друзья 複・主＜друг 友だち	место 場所；席（複 места）
разгова́ривать[1] 会話する；話す	лу́чше 〔無人述〕…したほうがいい
провести́ 過ごす	зара́нее あらかじめ
кани́кулы （学校の）休業〔複数のみ〕	узна́ть[1] 知る
отдыха́ть[1] 休む；休暇をすごす	находи́ться(2*) (нахожу́сь, нахо́дишься) （…に）位置する；ある；いる
Ту́рция トルコ	
мно́го （＋生）たくさんの…；たくさん	люби́ть(2*) 愛する；大好きだ
жить 住む；生きる	ле́том 夏に
из 〔前置詞〕（＋生）…のうちの	жа́рко 〔無人述〕暑い
заказа́ть 注文する；予約する	зато́ そのかわり
гости́ница ホテル	тепло́ あたたかく；〔無人述〕暖かい
купи́ть(2*) 買う	тури́ст 旅行者
биле́т チケット	тако́й そのような
самолёт 飛行機	впечатле́ние 印象
волнова́ться(1) 心配する	хотя́ 〔接続詞〕…ではあるが
никогда́ не… いちども…ない	сам みずから；自分で
за грани́цей 外国で	тёплый 暖かい
осма́тривать[1] 見物する；診る	холо́дный 冷たい；寒い
достопримеча́тельность ［女］観光名所	мне́ние 意見
интере́сно おもしろく；〔無人述〕おもしろい	несмотря́ на… （＋対）…にもかかわらず
посмотре́ть[2*] 見ておく；見てみる	вода́ 水
истори́ческий 歴史的な；ゆかりのある	

Перевод

夏休みをどのように過ごすか，友人どうしで話しています。

オーリャ	あのね，私この夏休みはトルコで過ごすの。
美紀	ほんと？ 私はトルコに友達がいっぱいいるから，よかったらその友だちの誰かの家に泊まれるよ。
オーリャ	ありがとう，美紀。でももうホテルも予約したし，飛行機のチケットも買っちゃったの。まだいちども外国に行ったことがないから，ちょっと不安なんだ。
文夫	心配することないよ。で，どんなことをするの？ 観光名所めぐりとか？
オーリャ	そう，史跡を観るのもおもしろそう。どこに何があるか，あらかじめ調べておいたほうがいいかも。
サーシャ	僕もトルコは大好きさ。もちろんあそこは夏は暑いけど，そのかわりとてもきれいなんだ。あそこのひとたちは外国人旅行者に温かく接してくれるし。少なくともまあそんな感じかな，行ったことは一度もないんだけどね。

ロシアと南方　冬が長いロシアの人々が燦々と照る夏の太陽や青い海に憧れるのは当然のことでしょう。そうしたロシアの人々にとってトルコやギリシャ Гре́ция，エジプト Еги́пет などは定番の観光地ですが，温泉や美しい砂浜で知られるソチ Со́чи や，クリミア半島南端のヤルタ Я́лта など黒海 Чёрное мо́ре の沿岸は，ソ連時代から保養地として整備され，身近なリゾート地として今も人気があります。南方のエキゾチックな魅力といえば，ロシアとは大きく異なる歴史と文化をもつコーカサス地方 Кавка́з もかつては憧憬の対象で，プーシキン Пу́шкин やトルストイ Толсто́й などの文豪もまたコーカサスを舞台とした作品を残しています。

第9課

9.1 быть と動詞の未来形

быть の未来形は буд- を語幹として，第1変化動詞に準じた語尾変化をし，発話時点から後に，人や事物が「ある・いる」ことや，ある状態に「なる」ことを表します。

я	бу́ду	мы	бу́дем
ты	бу́дешь	вы	бу́дете
он/она́	бу́дет	они́	бу́дут

　　Где вы бу́дете за́втра?　明日あなたはどこにいますか（行きますか）。

　　За́втра я бу́ду на рабо́те.　明日は私は職場にいます（行きます）。

　быть の未来形に一般動詞の不定形を組み合わせると一般動詞の未来形になり，発話時以後の運動や状態，あるいは行為にむけた意志を表します。

　　Ле́том мы бу́дем отдыха́ть в Ту́рции.　夏に私たちはトルコで休むつもりだ。

9.2 無人称文

無人称文の述語としては，前課（**8.5**）で学んだ на́до（…する必要がある）や本課の лу́чше（…したほうがいい）などの無人称述語が用いられます。

　　Лу́чше зара́нее узна́ть, где что нахо́дится.

無人称文に бы́ло を添えると過去形に，бу́дет を添えると未来形になります。

　　Мне на́до **бы́ло/бу́дет** купи́ть но́вую маши́ну.　新しい車を買えばよかった／買うほうがいい。

無人称述語のほか，一部の形容詞の短語尾中性形（**7.3**）も無人称文の述語となることができ，動詞の不定形を伴うことがあります。この場合も意味上の主語を明示する場合には与格を用います。

　　Мне тепло́.　私は暖かい。（＜тёплый 暖かい）

　　Бы́ло хо́лодно.　寒かった。（＜холо́дный 寒い；冷たい）

　　Ей бу́дет интере́сно рабо́тать в гости́нице.　彼女はホテルで働くのはおもしろいだろう。

　　　　　　　　　　　　　　　　　　　　　　　　（＜интере́сный 面白い）

9.3 形容詞短語尾中性形のまとめ

形容詞短語尾中性形は副詞として動詞を修飾することもできます。интере́сный（おもしろい）を例に形容詞短語尾中性形の3つの用法を確認しましょう。

　　Ва́ше мне́ние интере́сно.　あなたの意見は興味深い。〔主語 мне́ние〔中〕に対する述語〕

　　Здесь интере́сно.　ここはおもしろいです。〔無人称文の述語〕

　　Он пи́шет о́чень интере́сно.　彼はとてもおもしろく書いている。〔副詞〕

9.4 疑問詞＋不定形

疑問詞と不定形を組み合わせると「（何を，いつ，どこで，等）…すべきか」という意味になります：Что чита́ть? なにを読むべきか，Где учи́ться? どこで学ぶべきか，Как провести́ ле́тние кани́кулы? 夏休みをどう過ごすべきか

　★意味上の主語は与格で表します：Что мне де́лать? 私はどうすればいいのか。

9.5　従属節を代表する то

前置詞には名詞節を直接つなげることができませんが，たとえば接続詞 что に導かれる名詞節（**2.6**）や《疑問詞＋不定形》（**9.4**）などによって構成される名詞節を続けたい場合，この名詞節全体を指示代名詞 тот（**3.4**）の単数中性形 то で代表させることができます。この то は文中での役割に応じて格変化します。

たとえば，разгова́ривать（語り合う）には《前置詞 о（…について）＋前置格》という語句を続けることができますが，как провести́ ле́тние кани́кулы を前置詞 о の後につなげたい場合は то でこの句を代表させ，ここでは前置格にして用います：

Они́ разгова́ривают о **ле́тних кани́кулах**[前]．　彼らは夏休みについて語り合っている．

Они́ разгова́ривают о **том**[前], как провести́ ле́тние кани́кулы．　彼らは夏休みをどう過ごすかについて語り合っている．

Он пи́шет о Ту́рции о́чень интере́сно, несмотря́ на **то**[対], что сам никогда́ там не́ был．　いちども行ったことがないのに，彼はトルコのことをとてもおもしろく書いている．

9.6　数量の生格

既出（7課）の мно́го（たくさん）や немно́го（すこし）などは数量代名詞として名詞をともない「たくさんの…」や「すこしの…」を表すことができます．その際，名詞は複数生格または単数生格（不可算名詞の場合）になります：мно́го друзе́й たくさんの友達，немно́го воды́ すこしの水

9.7　特殊変化: 唇音変化と歯音変化

第2変化動詞のうち，люби́ть や купи́ть など，語幹が唇音（б, в, м, п, ф）で終わるものは，現在単数1人称形のみ語幹末に -л- が挿入されます．この型を**唇音変化**と呼びます．また спроси́ть（訊く）や находи́ться（位置する）など，語幹が歯音（с, д 等）をもつものは，現在単数1人称形のみ子音の交替（с〜ш, д〜ж 等）が起こり，この型を**歯音変化**と呼びます（⇒表 **5.2, c**）．

唇音変化				歯音変化			
я	любл-ю́	мы	лю́б-им	я	спрош-у́	мы	спро́с-им
ты	лю́б-ишь	вы	лю́б-ите	ты	спро́с-ишь	вы	спро́с-ите
он/она́	лю́б-ит	они́	лю́б-ят	он/она́	спро́с-ит	они́	спро́с-ят

9.8　動詞 жить

я	**живу́**	мы	**живём**
ты	**живёшь**	вы	**живёте**
он/она́	**живёт**	они́	**живу́т**
過去形	жил, жила́, жи́ло, жи́ли		

Где ты живёшь? — Я живу́ в Москве́．　きみはどこに住んでるの？ モスクワに住んでるんだ．
Как вы живёте? — Спаси́бо, хорошо́．　ごきげんいかがですか？ ありがとう，おかげさまで．

УРОК 10 (де́сять)

イワンさんがおなかをこわしたようです

〘♪ : 42〙

Врач: Здра́вствуйте, Ива́н Петро́вич, на что жа́луетесь?

Ива́н: Тру́дно сказа́ть, до́ктор; я про́сто чу́вствую себя́ пло́хо. У меня́ нет аппети́та и немно́го боли́т живо́т.

Врач: Хорошо́. Откро́йте рот... Что́-нибудь осо́бенное е́ли?

Ива́н: Нет, я ничего́ осо́бенного не ел. То́лько немно́го грибо́в у себя́ на да́че неде́лю наза́д. Зна́ете, я о́чень хорошо́ гото́влю грибы́, на́ зиму всегда́ марину́ю не́сколько ба́нок, и э́ти грибы́ мне сра́зу понра́вились, хотя́ муж до́чери остана́вливал меня́, когда́ я спроси́л его́, мо́жно ли их есть.

Врач: Не беспоко́йтесь, у вас ничего́ серьёзного. Я вы́пишу вам лека́рство. Принима́йте его́ по́сле ка́ждой еды́. Че́рез неде́лю всё бу́дет норма́льно. Но вообще́ бу́дьте осторо́жны и не е́шьте непоня́тных проду́ктов, осо́бенно грибо́в.

Слова к уроку
[♪ : 43]

врач 医者（生 врача́）
Ива́н Петро́вич （男性の名と父称）
жа́ловаться⁽¹⁾ （на＋対）…の不調を訴える
тру́дно 〔無人述〕むずかしい
до́ктор 医師；先生（医師への呼びかけ）
чу́вствовать⁽¹⁾ 感じる（発音 чу́[ств]овать）
себя́ 対＜себя́〔再帰代名詞〕
пло́хо 悪く；へたに
аппети́т 食欲（発音 a[п]ети́т）
боле́ть² 痛む
живо́т おなか；腹
откры́ть 開く；開ける
рот 口（生 рта）
осо́бенный 特別な
е́ли 過・複＜есть 食べる
ничего́ なにも…ない（発音 ниче[в]о́）
наза́д （対＋наза́д で）…前に
гото́вить⁽²⁾（гото́влю, гото́вишь） 料理する；用意する
зима́ 冬（対 зи́му） на́ зиму 冬に備えて
маринова́ть⁽¹⁾ 漬ける
не́сколько （＋生）いくつかの…
ба́нка ガラス瓶；缶

сра́зу すぐに
понра́виться⁽²⁾ （понра́влюсь, понра́вишься）（＋与）…に気に入ってしまう
до́чери 単・生＜дочь [女] 娘（複 до́чери）
остана́вливать¹ 止める；停める
когда́ 〔接続詞〕…するとき
мо́жно 〔無人述〕（＋不定形）…してよい；…できる
беспоко́иться² 心配する
серьёзный 深刻な；まじめな
вы́писать (вы́пишу, вы́пишешь) 発行する；書き抜く
лека́рство 薬
принима́ть¹ 服用する；受け入れる
еда́ 食事
че́рез 〔前置詞〕（＋対）…後
норма́льный ふつうの
вообще́ 全般に；とにかく
осторо́жный 注意深い
непоня́тный よくわからない
проду́кты 食品〔複数のみ〕
осо́бенно とくに
зуб 歯

Перевод

医師　　こんにちは，イワン・ペトローヴィチ，どうなさいましたか？

イワン　それが先生，なんといっていいか，ちょっと具合が悪くて。食欲が無くて，ちょっとおなかが痛いんです。

医師　　わかりました。口をあけて……　なにか特別なものを食べましたか？

イワン　や，特別なものは何も。ただ一週間前にうちのダーチャでキノコをちょっとだけ。あのですね，私はキノコ料理がすごく得意で，キノコは冬の備えにいつも数ビン漬けるんです。でそのキノコはすぐに気に入りましてね。食べられるかどうか娘の婿に訊いて，止められたんですがね。

医師　　ご心配なく。たいしたことはありませんので。お薬を出しておきます。毎食後に服んで下さい。一週間後にはすっかりよくなりますよ。ただとにかく用心して，よくわからない食べ物は口にしないように。とくにキノコは。

第10課

10.1 命令形

聞き手に動作・行為をうながす命令形は「イ」に類した音で終わるのが特徴で，動詞の現在語幹から下の規則に基づいてつくられます。вы に対する命令形は ты に対する命令形の末尾に -те を添えます。語幹の形は単数 2 人称を基準にします。

1) **現在語幹が母音で終わるものは語幹に -й(те) をつける。**

   чита́ть（чита́-ю, чита́-ешь...）   чита́й(те)

   рисова́ть（рису́-ю, рису́-ешь...）   рису́й(те)

2) **現在語幹が子音で終わるもののうち，単数 1 人称で;**

  a) 語尾にアクセントがあるものは語幹に -и́(те) をつける。

   говори́ть（говор-ю́, говор-и́шь...）   говори́(те)

   писа́ть（пиш-у́, пи́ш-ешь...）   пиши́(те)

  b) 語幹にアクセントのあるものは語幹に -ь(те) をつける。

   гото́вить（гото́вл-ю, гото́в-ишь...）   гото́вь(те)

★ СЯ 動詞（**7.1**）は末尾に ся/сь を添えます。語末の -й は子音扱いです: занима́й-ся, занима́йте-сь

★ авать 動詞（**7.4**）は不定形語幹に -й(те) をつけます: встава́й(те)

★ быть は未来形（**9.1**）の語幹に -ь(те) をつけます: бу́дь(те)

10.2 動詞 боле́ть

「誰々は…が痛い」という場合，痛いと感じる主体を〔前置詞 у＋人（生格）〕で表し，痛む部位を 3 人称の主語として動詞 боле́ть[2] を変化させます。

  У меня́ боли́т живо́т. / У меня́ боля́т зу́бы. 私はおなかが／歯（複）が痛い。

10.3 否定生格

モノや人が存在しないことを表現するには，нет（ない・いない）を使い，存在しないモノ・人を生格で表します。

  У меня́ нет **аппети́та**. 私は食欲がありません。

  Его́ нет на рабо́те. 彼は職場にいません。

★ Он не на рабо́те. は「彼は職場ではない所にいる」の意で，場所の否定なので否定生格になりません。

存在しない人，モノの性や数に関わらず，過去形では中性形の не́ было（アクセントに注意），未来形では単数 3 人称の не бу́дет のみを使います。

У него́	нет / не́ было / не бу́дет	уче́бника. / маши́ны. / письма́. / де́нег.	彼には	教科書（男）が / 車（女）が / 手紙（中）が / お金（複数）が	ない。/ なかった。/ ないだろう。

また否定文のなかで，他動詞の直接目的語が生格になることがありますが，これはその目的語の表

す意味が全般におよぶ場合（私は新聞は読まない等）で，やはり否定生格の一種です。

>Не éшьте **непоня́тных проду́ктов**[生]． よく分からない食べ物（непоня́тные проду́кты）は食べないでください。

10.4　全否定の表現

疑問代名詞・疑問副詞に接頭辞 **ни-** をつけ，否定の助詞 не と併せて用いることにより，全否定を表すことができます：ничто́ не 何も…しない，никто́ не 誰も…しない，никогда́ не けっして…ない（9課）等。否定代名詞の ничто́ と никто́ は文中での役割に応じて ни- 以外の部分が変化します：никто́（主），никого́（生），никому́（与），никого́（対）…；ничто́（主），ничего́（生），ничему́（与），ничего́（対）…（⇒表 **1.2**）。

★なお ничто́ に関しては，主格 ничто́ が用いられることはまれで，代わりに生格の ничего́ が用いられます。

>Никто́ не зна́ет．　誰も知らない。

>Здесь ничего́ нет．　ここには何もない。（生格〔否定生格〕＜ничто́）

никто́, ничто́ が前置詞とともに用いられる場合は，ни と кто, что の間に前置詞が置かれます。

>Она́ **ни о чём/ком** не ду́мала．　彼女は何も／誰のことも考えていなかった。

《ничего́ ＋形容詞の中性単数生格》は「…なものは何も（ない，…しない）」を表す慣用表現です。

>Ничего́ серьёзного．　深刻なことは何もありません。

10.5　再帰代名詞 себя́

自分自身を意味する再帰代名詞 себя́ には主格がなく，生格以下，次のような形をとります：生 себя́，与 себе́，対 себя́，造（11課）собо́й，前 себе́．（⇒表 **1.2**）

>Я чу́вствую себя́ хорошо́．　私は体調／気分がいい（自分をよく感じる）。

10.6　дочь（娘）の変化

親族関係を表す名詞には不規則な変化をするものが多く，注意が必要です。女性名詞の дочь（娘）の生格，与格，前置格はいずれも до́чери という形になります。複数主格も до́чери です。мать（母）もおなじ型の変化をします（⇒表 **2.4, c**）。

10.7　不規則動詞 есть と откры́ть

この есть は「食べる」を意味する動詞です。「ある；いる」を意味する есть（**6.2**）と区別して覚えて下さい。

	есть				откры́ть		
я	ем	мы	еди́м	я	откро́ю	мы	откро́ем
ты	ешь	вы	еди́те	ты	откро́ешь	вы	откро́ете
он/она́	ест	они́	едя́т	он/она́	откро́ет	они́	откро́ют
過去形	é-л, -ла, -ло, -ли			過去形	откры́-л, -ла, -ло, -ли		
命令形	éшь(те)			命令形	откро́й(те)		

Упражнения 9

1 次の文を未来形にしましょう。
1) Я о́чень за́нят.
2) Они́ на ста́ром заво́де в дере́вне.
3) У тебя́ есть маши́на.
4) Я должна́ была́ о́чень мно́го занима́ться.
5) Он изуча́ет ру́сский язы́к.
6) Каку́ю кни́гу ты чита́ешь?
7) До университе́та мы вме́сте учи́лись в Япо́нии.
8) Что они́ рису́ют?
9) Кому́ вы пи́шете письмо́?
10) Мы встаём ра́но у́тром.

2 カッコ内の単語を適当な形にして，訳しましょう。
1) Э́той студе́нтке бу́дет (интере́сный) рабо́тать в Росси́и.
2) На рабо́те сего́дня бы́ло дово́льно (ску́чный).
3) Ва́шему бра́ту бы́ло немно́го (холо́дный).
4) Изуча́ть иностра́нный язы́к не то́лько (поле́зный), но и (прия́тный).
♠ э́той 女・与＜э́тот，ску́чный 退屈な（発音 ску[ш]ный），ва́шему 男・与＜ваш，не то́лько А, но и Б　А だけでなく Б も，поле́зный 有益な，прия́тный 楽しい；愉快な

3 例にならって，言い換えましょう。
例) Ему́ нра́вится си́ний цвет. → Он лю́бит си́ний цвет.
1) Мне нра́вится бе́лый цвет.
2) Мое́й тёте нра́вится кра́сный цвет.
♠ бе́лый 白い，тётя おば；おばさん，кра́сный 赤い

4 次のロシア語を訳しましょう。
1) Тепе́рь я бу́ду ду́мать о том, где и как отдыха́ть ле́том.
2) Он э́то сде́лал про́сто из-за того́, что ему́ бы́ло ску́чно.
3) Тепе́рь поня́тно, почему́ здесь в э́том году́ так ма́ло дожде́й.
4) Легко́ сказа́ть.
♠ из-за〔前置詞〕(＋生) …のせいで，ма́ло (＋生) 少しの…，дождь [男] 雨，легко́ 簡単だ（＜лёгкий 軽い；簡単な）（発音 ле[х]ко́, лё[х]кий）

Упражнения 10

1 次の各動詞について，ты および вы に対する命令形をつくりましょう。
1) де́лать 2) учи́ть 3) писа́ть 4) смотре́ть 5) занима́ться 6) волнова́ться 7) откры́ть

2 カッコ内の単語を適切な形にしましょう。
1) Что у (вы) боли́т? — У (я) боли́т голова́.
2) Что у (он) боли́т? — У (он) (боле́ть) но́ги.
3) У мое́й (дочь) боле́ла рука́.
♠ голова́ 頭，нога́ 足；脚（複 но́ги），мое́й 女・生＜мой，рука́ 手；腕（複 ру́ки）

3 カッコ内の単語を適切な形にしましょう。
1) У твоего́ дру́га нет (маши́на). きみの友達には車がない。
2) У меня́ не́ было (вре́мя). 私は時間がなかった。
3) В э́том райо́не до среды́ не бу́дет горя́чей (вода́). この地区では水曜日までお湯が出ません。
4) Кро́ме му́зыки у неё (ничто́) нет. 彼女には音楽以外に何もない。
5) Ни у (кто) нет э́той кни́ги. この本は誰も持っていない。
♠ твоего́ 男・生＜твой，райо́н 地区，среда́ 水曜日，горя́чий 熱い，кро́ме〔前置詞〕(＋生) …の他に

4 次のロシア語を訳しましょう。
1) Извини́те, я опозда́ла. — Ничего́ стра́шного.
2) Бу́дьте добры́, пи́во. — Пожа́луйста.
3) Да́йте мне, пожа́луйста, вот э́то.
4) Скажи́те, пожа́луйста, где здесь туале́т?
5) Дава́й скоре́е, а то мы не успе́ем к за́втраку. — Не беспоко́йся. Успе́ем.
♠ извини́ть[2] 許す，опозда́ть[1] 遅刻する，ничего́ стра́шного だいじょうぶです，бу́дьте добры́ お願いします，пи́во ビール，да́йте 命＜дать (дам, дашь, даст; дади́м, дади́те, даду́т) 与える；渡す，дава́й скоре́е 急いで！，а то さもないと；…なので，успе́ть[1] (к＋与) …に間にあう，за́втрак 朝食

5 次のテクストを訳しましょう。
Учи́тельница: Почему́ ты опя́ть опозда́л?
Учени́к: Ну вы же говори́ли, что учи́ться никогда́ не по́здно!
♠ учени́к 生徒，ну〔意外さ等を表す間投詞〕，по́здно（発音 по́[зн]о）遅く；〔無人述〕遅い

語法メモ（3）よく使う命令形　会話の中では相手の言ったことが聞き取れないことがよくあります。ロシア語の場合にはなおさらでしょう。そうした場合は，ためらわずにはっきりと Извини́те? または Прости́те? と言いましょう。いずれも「許す」という意味の動詞 извини́ть, прости́ть の命令形ですが，語尾を上げて発音することで，「いま言ったことをもういちど言って下さい」というお願いになります。

УРОК 11 (одиннадцать)

ニキーチン先生の問わず語り

〖♪：44〗

Здравствуйте! Сейчас я иду в спортзал университета. До зала нужно идти ещё несколько минут, и я успею чуть-чуть рассказать вам о себе.

Как вы знаете, я преподаю русский язык иностранным студентам. А жена работает на радио журналистом. У нас есть сын и дочь. Вообще-то, я родом из Петербурга, но когда закончил школу, переехал сюда, в Москву. С женой я познакомился, когда мы были ещё студентами. В то время мы с ней увлекались кино и с удовольствием ходили в кинотеатры. О любимых фильмах мы могли разговаривать часами. Если честно, я всю жизнь мечтал стать актёром. Как жаль, что у меня не было таланта!

Вот наш спортзал. В последнее время я немного поправился, и врач мне посоветовал заниматься спортом. Так что до встречи!

Слова к уроку

идти́	（歩いて）行く；向かう
спортза́л	体育館
зал	ホール
ну́жно	〔無人述〕必要だ
ещё	まだ；さらに
мину́та	分（60秒）
успе́ть¹	…に間に合う；…する時間がある
чуть-чу́ть	ちょっとだけ
рассказа́ть	語る（発音 ра[с]каза́ть）
как	〔接続詞〕…のように；〔副詞〕何と…な事か
преподава́ть⁽¹⁾	教える
ра́дио	ラジオ；ラジオ局〔不変化〕［на...］（発音 ра́ди[о]）
сын	息子（複 сыновья́）
-то	〔強調の助詞；無アクセント〕
ро́дом	生まれは
Петербу́рг	ペテルブルグ（Са́нкт-Петербу́рг）
зако́нчить²	終える
перее́хать	移る；引越す
сюда́	ここに
с	〔前置詞〕（＋造）…と；…とともに
в то вре́мя	当時
увлека́ться¹	（＋造）…に熱中する
кино́	映画；映画館〔不変化〕
удово́льствие	満足；喜び
ходи́ть⁽²*⁾	(хожу́, хо́дишь) 歩く；通う
кинотеа́тр	映画館
люби́мый	お気に入りの
часа́ми	何時間でも（複・造＜час 1時間）
е́сли че́стно	正直にいうと（発音 е́сли че́[сн]а）
жизнь	〔女〕人生；生活；命
всю жизнь	一生；昔からずっと
мечта́ть¹	夢みる
стать	（＋造）…になる
актёр	俳優
жаль	〔無人述〕残念だ
тала́нт	才能
посове́товать⁽¹⁾	勧める
занима́ться¹	（＋造）…に携わる；…をする
спорт	スポーツ
та́к что	だから；それでは（発音 та́к[шта]）
пальто́	コート〔不変化〕
ко́фе	〔男〕コーヒー〔不変化〕
такси́	〔中〕タクシー〔不変化〕
куда́	どこへ
отку́да	どこから

Перевод

こんにちは。いま私は大学の体育館に行くところです。体育館まではまだ数分歩かないといけないので，着くまで，ちょっとだけ自分のことをお話ししましょう。

　ご存じのように，私は留学生たちにロシア語を教えています。妻はラジオ局でジャーナリストとして働いています。私たちには息子と娘がいます。私はそもそもペテルブルグ出身なんですが，高校を卒業してからここモスクワに越してきました。妻とはまだ学生だったときに知り合いました。当時は私と妻は映画に夢中で，映画館に通うのが楽しみでした。お気に入りの映画のことなら，何時間でも語り合えました。じつをいうと，私は昔からずっと俳優になりたかったんですよ。ほんとうに残念ですが，才能がなかったんですね。

　さてここがうちの体育館です。最近はすこし太ってしまって，スポーツをするようお医者さんに勧められましてね。それではまた。

ロシアの学校　ロシアの学校 шко́ла では満7歳から始まる11年制の義務教育が普通教育 о́бщее образова́ние として行われています。1～4年生の初等 нача́льное 課程，5～9年生の基礎 основно́е 課程，10～11年生の中等 сре́днее (по́лное) 課程を経て統一国家試験 Еди́ный госуда́рственный экза́мен（ЕГЭ）を受験すると普通教育の修了となり，その後は大学やアカデミーなどの高等専門教育 вы́сшее профессиона́льное образова́ние となります。公立校の授業料は無料ですが，有料の選択科目も用意されています。また近年は大学との提携校であるリセ лице́й や，高等専門教育を先取りしたギムナジウム гимна́зия といった学校も人気を集めています。

第11課

11.1 造格
名詞の単数造格の語尾は次のとおりです。男性・中性は **-ом/-ем**, 女性では **-ой/-ей** が特徴です。

	男	中	女
語尾	(1) -子音字 → +ом (2) -й/-ь → -ем	(1) -о → -ом (2) -е(-ё) → -ем (3) -мя → -менем	(1) -а → -ой (2) -я → -ей, -ёй (3) -ь → -ью
例	(1) студе́нт → студе́нтом (2) чай → ча́ем 　учи́тель → учи́телем	(1) письмо́ → письмо́м (2) мо́ре → мо́рем (3) и́мя → и́менем	(1) рабо́та → рабо́той (2) семья́ → семьёй (3) тетра́дь → тетра́дью

複数造格では，硬子音に終わる語幹には **-ами** を，軟子音に終わる語幹には **-ями** を付けます。

形容詞の造格は次の語尾をとります：（男・中）**-ым/-им**　（女）**-ой/-ей**　（複）**-ыми/-ими**：но́вым студе́нтом/письмо́м, но́вой рабо́той, но́выми студе́нтами

人称代名詞および疑問代名詞の造格は次のとおりです。

主	я	ты	он/оно́	она́	мы	вы	они́	кто	что
造	мной	тобо́й	им	ей	на́ми	ва́ми	и́ми	кем	чем

造格は，1) 行為の道具や手段（писа́ть карандашо́м 鉛筆で書く），2) 時（у́тром 朝に），3) 身分・資格（рабо́тать врачо́м 医師として働く）などを表しますが，造格を要求する動詞や語法も個々に覚えていく必要があります。

11.2 述語の造格
быть（過去形・未来形および不定形）の補語となる名詞，形容詞は，身分（ある過程を経てなった，またはこれからなるもの）や一時的状態を示す場合，造格になります。「…になる」を表す動詞 стать の補語もやはり造格になります。

　Мы бы́ли ещё студе́нтами.　私たちはまだ学生でした。
　Я хочу́ стать учи́телем.　私は教師になりたいです。

11.3 мы с жено́й の表現
「私と誰々」という場合は一般に мы に〈с＋造格〉を添えて表します。たとえば，мы с жено́й は「私と妻 я и жена́」とおなじ意味です。мы のみが文中での役割に応じて格変化します。

11.4 変化しない名詞
ра́дио, кино́, пальто́ コート, такси́ タクシーなど，-о, -и, -е, -у, -ю に終わる外来語の中性名詞は変化しません。なお ко́фе（コーヒー）も変化しない外来語ですが，例外的に男性名詞です。

11.5 目的地・起点を表す副詞句

移動の行先，到達目標を表すには，場所の場合は в/на＋対格を，また人の場合は к＋与格を用います。また起点（どこから）を表すには из, с, от ＋生格で表します。

	в をとる語句	на をとる語句	人
где どこで（位置）	в＋前置格	на＋前置格	у＋生格（6課）
куда どこへ（到達目標）	в＋対格	на＋対格	к＋与格
откуда どこから（始点，起点）	из＋生格	с＋生格	от＋生格（12課）

Он переéхал **к** нам **в** Москвý.　彼は私たちのいるモスクワに越してきた。
Игорь рóдом **из** Петербýрга.　イーゴリはペテルブルグ出身です。

11.6 定動詞・不定動詞（1）

「歩く，飛ぶ，泳ぐ」など，移動や運動を表す**移動動詞**のうち，接頭辞のない少数の動詞は，時と方向の定まった運動を表す**定動詞**（…へ向う）と，時と方向の両方またはそのいずれかが定まっていない運動（反復，往復）や運動の能力そのものを表す**不定動詞**（…に通う）とに分かれ，《徒歩での移動》の場合は定動詞 идти と不定動詞 ходить が対になっています。

	идти				ходить		
я	идý	мы	идём	я	хожý	мы	хóдим
ты	идёшь	вы	идёте	ты	хóдишь	вы	хóдите
он/онá	идёт	они́	идýт	он/онá	хóдит	они́	хóдят
過去形	шёл, шла, шло, шли			過去形	ходи́-л, -ла, -ло, -ли		
命令形	иди́(те)			命令形	ходи́(те)		

Онá **идёт** в библиотéку.　彼女は図書館へ行くところです。
Онá **хóдит** в библиотéку.　彼女は図書館に通っています。

★ ходи́ть は第2変化の歯音変化（**9.7**）に属します。

定動詞（идти́）の現在形は近い未来を表すこともできます。
　Зáвтра я **идý** в библиотéку.　明日は図書館にいきます。
不定動詞の過去形は1回の往復（行ってきた）も表します。この場合，быть の過去形を用いた表現（**7.2**）とおなじ意味になります。
　Кудá ты **ходи́л** вчерá?　＝　Где ты был вчерá?　きのうはどこにいってきたの？
　Вчерá я **ходи́л** в музéй.　＝　Вчерá я был в музéе.　美術館にいってきたんだ。
また，идти́ には徒歩での移動を表す以外に次のような意味もあります。
　Идёт дождь.　雨が降っている。
　Сейчáс там **идёт** интерéсный фильм.　あそこは今おもしろい映画をやっている。
　Нóвое пальтó тебé óчень **идёт**.　新しいコートはきみにとても似合っている。

УРОК 12 (двенадцать)

美紀が友達のナターシャとメッセージを交換しています

〖♪：46〗

Привет, Наташа!

Как дела? У меня всё хорошо. Сейчас я сижу во дворе общежития и смотрю, как золотые листья кружатся на лёгком ветру, как будто танцуют. В Токио я редко видела такое.

Всю прошлую неделю я читала Тургенева и сегодня тоже прочитала один небольшой рассказ прямо здесь, под золотым дождём из листьев. Ну всё, пора идти на занятия. Большой привет от меня твоему новому другу!

М.

Привет, Мики!

Спасибо за сообщение. Рада, что у тебя всё хорошо. От моего парня тебе тоже привет! Мы с ним в конце прошлой недели ездили на автобусе в Суздаль. Завтра покажу фотографии и расскажу подробно, как там было. Было очень холодно. Когда мы ехали обратно домой в Москву, из окна автобуса я смотрела, как идёт первый снег. Скоро долгая зима. До завтра!

Н.

Слова к уроку

[♪: 47]

сиде́ть(2) (сижу́, сиди́шь) 【不完】座っている
во＜в 〔特定の名詞・代名詞の前でво〕
двор 中庭 (生 двора́)
общежи́тие 寮
как 〔接続詞〕…する様子
золото́й 黄金の；金色の
лист 葉 (複 ли́стья)
кружи́ться[2] 回転する；舞う
лёгкий 軽い；簡単な (発音 лё[х]кий)
ве́тер 風 (生 ве́тра)
на ветру́ 風に当たって
как бу́дто まるで…のように
ви́деть(2) (ви́жу, ви́дишь) 【不完】見る；会う
про́шлый 前の；先の
Турге́нев トゥルゲーネフ (19世紀の作家)
прочита́ть[1] 【完】読み通す
небольшо́й 小さな
расска́з 短編小説；話 (発音 ра[с]ка́з)
пря́мо 直接に；まさに
под 〔前置詞〕(＋造) …の下で
из 〔前置詞〕(＋生) …でできた
ну всё というわけで；では (話の切り上げ)
пора́ 〔無人述〕…する時間だ
заня́тие 授業 [на...]
от 〔前置詞〕(＋生) …から

твоему́ 男・与＜твой
за 〔前置詞〕(＋対) …に対して
сообще́ние メッセージ
па́рень [男] 若者；彼氏 (生 па́рня)
коне́ц 終わり；末 (生 конца́)
е́здить(2) (е́зжу, е́здишь) 【不完】〔不定〕(乗り物で) いく；通う
авто́бус バス
Су́здаль [男] スーズダリ (地名)
показа́ть 【完】見せる
фотогра́фия 写真
подро́бно 詳しく
е́хать 【不完】〔定〕(乗り物で) いく；向かう
обра́тно 帰り道で
домо́й 家へ；帰路で
пе́рвый 最初の
снег 雪
ско́ро まもなく；もうすぐ
до́лгий 長い
уви́деть(2) (уви́жу, уви́дишь) 【完】みつける
написа́ть (напишу́, напи́шешь) 【完】書き上げる
пока́зывать[1] 【不完】見せる
покупа́ть[1] 【不完】買う

Перевод

こんにちは，ナターシャ

元気？ 私はとても元気です。いまは学生寮の中庭にすわっていて，黄金に色づいた木の葉が，弱い風にくるくると踊るように舞っているのを眺めてるの。東京ではこんなのあまり見たことがないわ。

　先週はずっとトゥルゲーネフを読んでいて，今日もひとつ小さな短編をちょうどこの，木の葉の金色の雨のしたで読み終わったところ。じゃあこのへんで，そろそろ授業に行く時間だから。あなたの新しい彼氏に私からくれぐれもよろしくね。

美紀

こんにちは，美紀

連絡をどうもありがとう。美紀が元気で何よりだわ。彼からもよろしくって。私と彼は先週末にバスでスーズダリに行ってきました。明日写真を見せて，スーズダリのようすを詳しくお話しするね。すごく寒かったよ。モスクワに帰ってくる途中で，バスの窓から初雪が降っているのが見えたし。もうすぐ長い冬だね。じゃあまた明日！

ナターシャ

第12課

12.1 定動詞・不定動詞（2）

定動詞 éхать と不定動詞 éздить[2] は乗り物による移動を表します。

	éхать				éздить[2]		
я	éду	мы	éдем	я	éзжу*	мы	éздим
ты	éдешь	вы	éдете	ты	éздишь	вы	éздите
он/она́	éдет	они́	éдут	он/она́	éздит	они́	éздят
命令形	поезжа́й(те)*			命令形	éзди(те)		

* зж は [жж] と発音します：é[жж]у, пое[жж]а́й(те)

なお交通手段は на と前置格で表します：на авто́бусе（バスで），на такси́（タクシーで）等

12.2 完了体と不完了体

ロシア語のほとんどの動詞は，ある行為・運動の内容を名指す**不完了体**という種類と，その行為・運動を最後まで終えて結果を残す，またはその場かぎりの動作を1回おこなう，という含みをもつ**完了体**という種類の2つがペアをなし，文脈に応じてつねに使い分けられています。たとえば，本課の чита́ть（読む）と прочита́ть（読んでしまう）は不完了体と完了体のペアです。

★定動詞と不定動詞はどちらも不完了体です。

12.3 体のペア

不完了体と完了体のペアにはいくつかのタイプがあります。（下に挙げた動詞は，不完了体と完了体のうちの少なくとも一方が既出です）。

1) 接頭辞のない不完了体と接頭辞のついた完了体のペア（不完：完）

　　чита́ть : прочита́ть　読む　　　　де́лать : сде́лать　する
　　писа́ть : написа́ть　書く　　　　ви́деть : уви́деть　見る：会う

2) 語中・語末の一部が異なるペア（不完：完）

　　пока́зывать : показа́ть　見せる　　покупа́ть : купи́ть　買う
　　спра́шивать : спроси́ть　尋ねる　　отдыха́ть : отдохну́ть　休む

3) まったく異なるペア（不完：完）

　　говори́ть : сказа́ть　言う

今後，不完了体・完了体をそれぞれ〘不完〙〘完〙で示します。

12.4 体の用法

不完了体を用いた1)～3)は動作の名指し，または過程を，4)は状態，5)は反復，6)の過去形は経験を，7)の現在形は近い未来をそれぞれ表しています。

1) Что вы **де́лали**?　何をしていたんですか。— Я **чита́л** кни́гу.　本を読んでいました。
2) Что вы бу́дете **де́лать**?　何をしますか。— Я бу́ду **чита́ть** кни́гу.　本を読みます。

3) Что ты тут **де́лаешь**? — Я сейча́с **чита́ю** письмо́.（2課）

4) У нас в столо́вой о́коло ка́ссы то́же **стои́т** большо́й электри́ческий самова́р.（6課）

5) Ра́ньше мы **встреча́лись** дово́льно ча́сто.（7課）

6) Я ре́дко **ви́дела** тако́е.（本課）

7) За́втра я **е́ду** на мо́ре. 私はあした海に行きます。

完了体を用いた 8) は動作の完了を，9) は発話後に完結する動作（**12.5**）を，10) は2つの動作の継起性を示します。

8) Я **прочита́ла** оди́н небольшо́й расска́з.（本課）

9) За́втра **покажу́** фотогра́фии и **расскажу́** подро́бно, как там бы́ло.（本課）

10) Я уже́ **заказа́ла** гости́ницу и **купи́ла** биле́т на самолёт.（9課）

12.5　完了体未来

不完了体の動詞には現在・過去・未来の3つの時制がありますが，完了体の動詞には過去形とそれ以外しかありません。完了体を現在活用させたものは発話時点よりも後（すなわち未来）に完結する動作（…してしまう）を表します。これを**完了体未来**と呼び，不完了体の未来形（**9.1**）と区別します。

	不完了体	完了体
過去	чита́л	прочита́л
現在	чита́ю	**прочита́ю**
未来	бу́ду чита́ть	

12.6　活動体名詞の対格

人間や動物などの生物（**活動体**）を表す名詞では，女性名詞の単数形（студе́нтка → студе́нтку, Ни́на → Ни́ну 等）を除き，生格が対格の役割をはたします。ただし活動体の男性名詞であっても，女性名詞とおなじ主格語尾をもつ па́па や Са́ша などは対格語尾 -у/-ю をとります。

　　Всю про́шлую неде́лю я чита́ла **Турге́нева**.

　　Я ви́дел **ста́рого дру́га/ста́рых друзе́й**. 私は古い友だち（男・単）に会った。／友人たち（複）に会った。

　★活動体ではない名詞を**不活動体**と呼びます。

12.7　接続詞 как（…するようす）

接続詞 как が，что「…ということ」（**2.6**）のように名詞節を導く場合は，おもに смотре́ть や ви́деть など知覚を表す動詞の目的語となり，「…するようす」（を見る，等）を表します。

　　Я смотре́л, **как** идёт снег. 私は雪が降るのを眺めていた。

黄金の環　モスクワから北東につらなる一連の古都を「黄金の環 Золото́е кольцо́」と呼びます。ウラジーミル Влади́мир，スーズダリ Су́здаль，セルギエフ・ポサート Се́ргиев Поса́д，ヤロスラヴリ Яросла́вль，ロストフ・ヴェリーキー Росто́в Вели́кий など，中世の面影をとどめる修道院や美しい白亜の聖堂が見どころで，その多くがユネスコの文化遺産に認定されています。ゆったりした風景のなかでロシアの自然と歴史の奥深さを堪能することができるので，バスでの日帰り観光に最適です。都心からのコースも各種用意されています。白樺細工などの素朴な趣きの民芸品もおみやげに喜ばれるでしょう。

Упражнения 11

1 次の造格の語句を主格に戻しましょう。
1) но́вым фи́льмом 2) большо́й шко́лой 3) непоня́тными слова́ми 4) ста́рым вре́менем
5) си́ним мо́рем 6) его́ жено́й 7) мои́м отцо́м 8) ва́шими роди́телями

2 カッコ内の単語を造格にして入れ，文を訳しましょう。
1) Когда́ я был (студе́нт), я увлека́лся (фотогра́фия).
2) Она́ всегда́ пьёт ко́фе с (молоко́).
3) (Кто) вы хоте́ли стать?
4) Я давно́ мечта́л стать (журнали́ст).
5) (Како́й вид) спо́рта вы занима́етесь?
6) Мы увлека́емся (футбо́л).
7) Я с удово́льствием игра́л в футбо́л, когда́ был ещё (ма́ленький).
♠ фотогра́фия 写真, пьёт 単3＜пить (пью, пьёшь) 飲む, молоко́ 牛乳, вид 種類, футбо́л サッカー, игра́ть в（＋対）（競技を）プレーする

3 カッコ内に идти́ または ходи́ть の適切な形を入れましょう
1) Я (　　　　) в аудито́рию. 私は教室に行くところです。
2) Мы (　　　　) на ры́нок недалеко́ от на́шего до́ма. 私たちは家の近くの市場に通っています。
3) Отку́да вы (　　　　)? あなた方はどこからの帰りですか。
4) Мы (　　　　) из библиоте́ки. 私たちは図書館帰りです。
5) Наш сын уже́ (　　　　). うちの息子はもう歩けます。
6) В це́нтре трамва́и не (　　　　). 都心には路面電車は走っていません。
7) Ей о́чень (　　　　) э́та ша́пка. 彼女はこのキャップがとても似合います。
♠ ры́нок 市場 [на...], недалеко́ от (＋生) …の近くに, центр 都心, трамва́й 路面電車, ша́пка キャップ；帽子

4 быть の過去形を使って言い換えましょう。
1) Куда́ вы ходи́ли вчера́?
2) Вчера́ я ходи́ла в библиоте́ку.
3) Вчера́ он ходи́л в го́сти к дру́гу.
♠ ходи́ть в го́сти お客にいく：訪ねる (＝ быть в гостя́х)

5 次のテキストを訳しましょう。
— Па́па, ты ходи́л в музыка́льную шко́лу, когда́ был ма́леньким?
— Да, сыно́к, и никогда́ не пропуска́л уро́ки!
— Ви́дишь, ма́ма! Я же говорю́, что не на́до тра́тить на э́то вре́мя.
♠ музыка́льный 音楽の, сыно́к 息子よ, пропуска́ть[1] さぼる, ви́дишь ほらね, тра́тить[2] (тра́чу, тра́тишь) 費やす

Упражнения 12

1 次の文を不定動詞 éздить を使って言い換えましょう。
1) Где вы бы́ли вчера́?
2) Вчера́ я была́ на конце́рте.
3) Вчера́ он был в гостя́х у дру́га.
♠ конце́рт コンサート [на...]

2 適当な体を選んでカッコ内に入れ，会話を完成させましょう。
1) 書く: писа́ть 〖不完〗/ написа́ть 〖完〗
— Что вы де́лаете?　何をしているのですか？
— (　　　) мейл дру́гу. Сейча́с (　　　). 友達にメールを書いてるんです。いま書き終えます。
— (　　　) споко́йно. Когда́ (　　　), скажи́те мне; мне бу́дет ну́жен э́тот компью́тер.
ゆっくり書いていてください。書き終わったら教えてください。私はこのパソコンが必要なので。
2) 買う: покупа́ть 〖不完〗/ купи́ть 〖完〗
— А где ты обы́чно (　　　) проду́кты?　きみはふだんどこで食品を買うの？
— Обы́чно я (　　　) их на ры́нке, но хлеб и молоко́ сего́дня (　　　) в магази́не о́коло до́ма.　ふだんは市場で買うんだけど，パンと牛乳は今日は家の近くの店で買ったの。
♠ мейл (мэйл) メール (発音 [мэ́]йл)，споко́йно 落ちついて，ну́жен 短・男＜ну́жный 必要な，компью́тер コンピュータ，обы́чно ふだん，хлеб パン，магази́н 店

3 カッコ内の単語を使って次の文をロシア語に訳しましょう。
1) 今日彼女は日本からきた新しい学生に会いました。(Япо́ния, студе́нт, она́, но́вый, встре́тить, сего́дня, из)
2) 彼はいちどもトゥルゲーネフを読んだことがありません。(Турге́нев, не, он, чита́ть, никогда́)
3) この人はなんという名前ですか。(э́тот, как, челове́к, звать)

4 次のテクストを訳しましょう。
Сын спра́шивает отца́:
— Па́па, на кого́ я похо́ж?
Оте́ц:
— На меня́.
— А ты на кого́ похо́ж?
— На де́душку.
— А де́душка на кого́ похо́ж?
— На своего́ де́душку.
— Вот как! Мы все матрёшки, что ли?!
♠ похо́ж, -а, -е, -и (на＋対) …に似ている，своего́ 男 (活)・対＜свой 自分の，вот как! やれやれ，матрёшка マトリョーシカ，... что ли? …なのかな？〔疑念〕

УРОК 13 (тринадцать)

学生たちの会話

〚♪：48〛

Студе́нты спо́рят о том, како́й язы́к са́мый тру́дный. Са́ша, кото́рый то́лько что на́чал изуча́ть япо́нский, говори́т, что япо́нский язы́к бо́лее тру́дный, чем ру́сский, потому́ что в япо́нском на́до без конца́ учи́ть иеро́глифы.

С ним не согла́сен Фу́мио, кото́рому ка́жется, что в ру́сском языке́ на́до запомина́ть гора́здо бо́льше:

— А я ду́маю, что ру́сский сложне́е япо́нского. Ведь у ру́сских слов так мно́го ра́зных форм! И на́до по́мнить, наприме́р, ра́зницу ме́жду соверше́нным и несоверше́нным ви́дом глаго́лов. Э́то так же тру́дно, как запо́мнить все иеро́глифы. Мне до сих пор тру́дно говори́ть на ру́сском без оши́бок.

— Э́то нева́жно, — говори́т студе́нтка Татья́на, ста́ршая сестра́ кото́рой занима́ется ра́зными иностра́нными языка́ми. — Моя́ сестра́ счита́ет, что са́мое гла́вное — не стесня́ться. Оши́бок нельзя́ боя́ться!

Слова к уроку [♪ : 49]

спо́рить² 【不完】議論する
са́мый　いちばん…な〔最上級〕
кото́рый　〔関係代名詞〕…するところの
то́лько что　ちょうど…したばかり
нача́ть　【完】始める
бо́лее　もっと…な〔比較級〕
чем　〔接続詞〕…よりも
без　〔前置詞〕（＋生）…なしに
иеро́глиф　漢字
согла́сный　同意している
ка́жется, что...　（与）にとって…と思える；…に見える
запомина́ть¹ 【不完】覚えていく
гора́здо　〔比較級を強めて〕ずっと
бо́льше　большо́й, мно́гоの比較級
сло́жный　むずかしい；複雑な
ра́зный　異なる；いろいろな
фо́рма　形；形式
по́мнить² 【不完】覚えている
ра́зница　差異；ちがい
ме́жду　〔前置詞〕（＋造）…の間
соверше́нный　完全な；完了体の
несоверше́нный　不完全な；不完了体の

вид　種類；（動詞の）体
глаго́л　動詞
так же А, как и Б　Бとおなじく А だ
запо́мнить² 【完】覚えてしまう
до сих пор　今にいたるまで；ここまで
оши́бка　まちがい；誤り
нева́жно　〔無人述〕とるにたりない
ста́рший　年上の
счита́ть¹ 【不完】みなす；考える（発音[щ]ита́ть）
гла́вный　主要な；だいじな
стесня́ться¹ 【不完】遠慮する
нельзя́　〔無人述〕…してはいけない
боя́ться² 【不完】（＋生）恐れる；案じる
го́род　町；市；都市（複 города́）
расска́зывать¹ 【不完】語る（発音ра[с]ка́зывать）
лу́чший　よりよい；最良の
мла́дший　年少の
ма́ло　少ない；少なく
дорого́й　高い；高価な
дешёвый　安い
ти́хий　静かな
далёкий　遠い
плохо́й　悪い

Перевод

どの言語がいちばん難しいかについて学生たちが議論しています。日本語の勉強をはじめたばかりのサーシャはロシア語よりも日本語のほうが難しいといいます。というのは，日本語では際限なく漢字を覚えなければならないからです。

　文夫はサーシャに賛成しません。文夫にはロシア語のほうが，はるかにたくさんのことを覚えなければならないように思えます。

　「ぼくはロシア語のほうが日本語よりむずかしいと思う。ロシア語の単語にはいろいろ異なる形があるからね。それにたとえば，完了体と不完了体のちがいを覚えておかないといけないでしょ。これは漢字を全部覚えるのとおなじぐらいむずかしいよ。ぼくはいまでもロシア語で間違いなく話すのはむずかしくて」

　「それはだいじなことじゃないわ」というのはターニャという学生で，彼女のお姉さんはいろいろな外国語を勉強しているそうです。「姉の考えでは，いちばんだいじなのは遠慮しないことだそうよ。間違いを恐れたらダメ」

第 13 課

13.1 関係代名詞（1）кото́рый
ロシア語でもっとも多く使われる関係代名詞は кото́рый です。кото́рый は но́вый とおなじ性・数・格語尾をとりますが（⇒表 **3.1, a**），性と数は先行詞に一致させ，格は従属節の中での役割（主語，目的語，前置詞の目的語など）によって決まります。なお関係詞節の直前には必ずカンマをおきます。

  Вчера́ мне звони́л друг［単・男・主］．Он［主］сейча́с живёт в Москве́.
   → Вчера́ мне звони́л друг, **кото́рый**［単・男・主］сейча́с живёт в Москве́.
  Москву́ мне показа́л мой друг［単・男・主］．Ему́［与］нра́вится э́тот го́род.
   → Москву́ мне показа́л мой друг, **кото́рому**［単・男・与］нра́вится э́тот го́род.
関係代名詞が前置詞に導かれる場合や，生格で直前の名詞を修飾する場合もあります。

  студе́нт, о **кото́ром**［単・男・前］вы говори́ли　あなたが話していた学生
  студе́нт, друг **кото́рого**［単・男・生］живёт в Москве́　友達がモスクワに住んでいる学生
  〔кото́рого は先行詞 студе́нт［単・男］の生格 студе́нта を表し，друг を後ろから修飾しています：друг э́того студе́нта〕

13.2 形容詞・副詞の比較級
形容詞・副詞の比較級には，おもに書き言葉で使われる合成比較級と話し言葉で使われる単一比較級の 2 種類があります。
（1）合成比較級
 形容詞・副詞の直前に бо́лее を添えます。бо́лее 自体は形が変わらず，どの形容詞・副詞とも組み合わさります。

  Э́то **бо́лее** интере́сная кни́га.　これはもっとおもしろい本だ。（形容詞長語尾形・修飾語）
  Э́та кни́га бу́дет вам **бо́лее** интере́сна.　この本のほうがあなたにはおもしろい。（形容詞短語尾形・述語）
  Ра́ньше она́ расска́зывала **бо́лее** интере́сно.　彼女は以前はもっとおもしろく語った。（副詞）

（2）単一比較級
 合成比較級よりも口語的な比較級で，長語尾形と短語尾形があります。
 （A）　長語尾形
  長語尾形の比較級は一部の形容詞にしかなく，これらは最上級としても使われます。それぞれ個別に覚えましょう。

    хоро́ший　よい　　→ лу́чший　よりよい；最良の
    ста́рый　年とった　→ ста́рший　年上の；最年長の
    молодо́й　若い　　→ мла́дший　年下の；最年少の

 （B）　短語尾形
  規則式　語幹に -ее（口語 -ей）をつけます。3 音節以上の形容詞ではふつうアクセントの位置は変わりません。

    интере́сный　　　→ интере́снее（口語 интере́сней）
    тру́дный　　　　→ трудне́е（口語 трудне́й）

不規則式　末尾が -же, -ше, -ле などで終わるもの。これらも個別に覚えるのが実用的です。

原級		比較級
большо́й	大きい	бо́льше
мно́го	多い：多く	
ма́ленький	小さい	ме́ньше
ма́ло	少ない：少なく	
дорого́й	高価な	доро́же
дешёвый	安い	деше́вле

原級		比較級
молодо́й	若い	моло́же
ста́рый	年をとった	ста́рше
ти́хий	静かな	ти́ше（17課）
далёкий	遠い	да́льше（17課）
хоро́ший	よい	лу́чше（9課）
плохо́й	悪い	ху́же

　短語尾形はいずれも述語および副詞として使われますが，名詞を後ろから修飾することもあります。де́вочка ста́рше его́　彼より年上の少女。その際，接頭辞 по- をつけると「もう少し…」の意味になります：часы́ подеше́вле　もう少し安い時計。

13.3　比較の対象の表し方
1)　接続詞 чем（…より）を用い，чем の前にカンマを打ちます。比較級の種類にかかわらず用いることができます。чем の後には，語句だけでなく節を置くこともできます。
　　Э́то бо́лее интере́сная кни́га, **чем** та.　これはあれよりもおもしろい本だ。
　　Э́то бо́лее интере́сная кни́га, **чем** я ду́мал.　これは思っていたよりもおもしろい本だ。
2)　単一比較級で比較の対象が名詞句（名詞・代名詞）の場合は，чем を用いずに生格だけで示すことができます。
　　Он моло́же **меня́**.　彼は私よりも若い。
　　比較：В Москве́ холодне́е, **чем** в То́кио.　モスクワは東京より寒い。

13.4　形容詞・副詞の最上級
形容詞長語尾形の最上級は，原級の前に са́мый を添えてつくります。са́мый は文中での役割に応じて но́вый とおなじ格語尾をとります（⇒表 3.1, a）。
　　Э́то **са́мая** интере́сная кни́га, кото́рую я чита́ла.　これは私が読んだいちばんおもしろい本です。
　　Са́мое гла́вное — не стесня́ться.　いちばんだいじなのは遠慮しないことです。

13.5　動詞 нача́ть

я	**начну́**	мы	**начнём**
ты	**начнёшь**	вы	**начнёте**
он/она́	**начнёт**	они́	**начну́т**

過去形　на́чал, начала́, на́чало, на́чали

УРОК 14 (четы́рнадцать)

コートを買いに

〖♪：50〗

Ни́на с А́ней пое́хали покупа́ть А́не но́вое пальто́. В одно́м из магази́нов де́тской оде́жды А́ня сра́зу уви́дела пальто́, кото́рое ей понра́вилось. Но, к сожале́нию, оно́ бы́ло ей немно́го те́сно. Подошла́ продавщи́ца.

— Вам помо́чь?

— Да, — попроси́ла мать, — у вас есть тако́е же пальто́, но на разме́р бо́льше?

— Сейча́с принесу́. Ско́лько тебе́ лет, де́вочка? — с улы́бкой спроси́ла продавщи́ца.

— Пять лет, — отве́тила А́ня.

Второ́е пальто́ бы́ло А́не впо́ру.

— Хорошо́, возьмём вот э́то. А ско́лько оно́ сто́ит?

— Ты́сячу рубле́й.

Зате́м Ни́на подобрала́ сы́ну дво́е брюк и две футбо́лки.

— Ско́лько с нас?

— Бо́льше ничего́ не бу́дете брать? Тогда́ с вас 1 890 (ты́сяча восемьсо́т девяно́сто) рубле́й.

— Мо́жно заплати́ть креди́тной ка́рточкой?

— Да, пожа́луйста.

И тут А́ня спроси́ла у ма́мы, ско́лько сейча́с вре́мени. Бы́ло уже́ два́дцать мину́т шесто́го. На́до бежа́ть домо́й.

Слова к уроку　　　　　　　　　　　　　　　　　　　　　　　　[♪:51]

поéхать 《完》(乗り物で)出かける	ты́сяча 1,000
однóм 男・前＜оди́н ひとつの；或る	рубль [男]ルーブル(通貨単位)(生 рубля́)
дéтский 子供の；子供用の (発音 дé[ц]кий)	затéм それから；つぎに
одéжда 服	подобралá 過・女＜подобрáть 《完》選びとる
к сожалéнию 残念ながら	двóе ふた組(の)
тéсный 狭い；きつい	брюк 生＜брю́ки ズボン〔複数のみ〕
подошлá 過・女＜подойти́ 《完》近づく	футбóлка Tシャツ
продавщи́ца (女性)販売員	скóлько с нас? 締めていくらですか？
попроси́ть(2*) (попрошу́, попрóсишь) 《完》頼む	бóльше не... これ以上…ない
такóй же おなじような；同種の	брать 《不完》取る；買う
на (＋対)…だけ；…ぶん(差の量)	тогдá それでは；そのとき；あのとき
размéр サイズ	восемьсóт 800 (発音 восе[м]сóт)
принести́ (принесу́, принесёшь) 《完》もってくる	девянóсто 90
скóлько (＋生) いくつの…；いくら	заплати́ть(2*) (заплачу́, заплáтишь) 《完》支払う
лет 複・生＜год 年；歳	креди́тный クレジットの
улы́бка 笑顔	кáрточка カード
отвéтить(2) (отвéчу, отвéтишь) 《完》答える	двáдцать 20 (発音 двá[цц]ать)
вторóй 2番目の	шестóй 6番目の
впóру (＋与)…にサイズがあう	бежáть (бегу́, бежи́шь, бежи́т; бежи́м, бежи́те, бегу́т) 《不完》〔定〕走っていく；急いでいく
взять 《完》取る；買う	котóрый час 何時？
стóить² 《不完》(＋対)(値段が)いくらする	гуля́ть¹ 《不完》散歩する

Перевод

　ニーナとアーニャはアーニャのコートを買いに出かけました。ある子供服のお店でアーニャはすぐにコートを見つけて，気に入りましたが，残念ながらすこし彼女には小さいようです。店員さんが近づいてきました。
「お伺いいたしましょうか」
「あの」とお母さんが答えます。「おなじコートでもうワンサイズ大きいのはありますか？」
「ただいまお持ちいたします。お嬢ちゃんはおいくつかしら？」と店員さんが笑顔でたずねました。
「5歳です」とアーニャ。
　ふたつめのコートはアーニャにぴったりです。
「それではこれにしましょう。おいくらでしょうか」
「1000ルーブルです」
　それからニーナは息子にズボンを2本とTシャツを2枚選びました。
「全部でおいくらですか」
「他にはもうよろしいでしょうか？　では1890ルーブルになります」
「クレジットカードで払えますか」
「はい，どうぞ」
　そこでアーニャがお母さんに今は何時とたずねました。もう5時20分でした。急いで家に帰らなければなりません。

第14課

14.1 個数詞と名詞句の結合

個数詞は名詞をともなって個数や人数を表します（⇒表 **4.1**）．個数詞が主格・対格の場合，名詞との結合にはつぎのような規則があります．

(1) **個数詞が 1 のとき，名詞は単数主格**：1 そのものが名詞の性・数・格に応じて形容詞のように変化しますが（男 оди́н，女 одна́，中 одно́），個数を強調するとき以外はふつう省略されます．

   (одна́) кни́га　1 冊の本（主）　　(одну́) кни́гу　（対）

 ★ оди́н の複数形 одни́ は複数形しかない名詞とともに使われます：одни́ часы́　ひとつの時計

(2) **個数詞 2, 3, 4 のとき，名詞は単数生格**，形容詞は男性・中性名詞では複数生格（**6.1**），女性名詞では通常複数主格：2 が女性名詞と結びつくときは два ではなく две となります．

 два (три, четы́ре) но́вых **заво́да** (**письма́**)　2 (3, 4) つの新しい工場（手紙）

 две (три, четы́ре) но́вые/но́вых **шко́лы**　2 (3, 4) つの新しい学校

(3) **個数詞 5 以上のとき，名詞は複数生格**，形容詞も複数生格：

 пять (шесть, ...) но́вых **заво́дов** (**пи́сем, школ**)　5 (6, …) つの新しい工場（手紙，学校）

ただし，21, 22, 31, 32…などは数詞を組み合わせた合成個数詞で表され，その場合は末尾（1 桁）の個数詞に応じて (1) (2) (3) のいずれかになります：два́дцать одно́ но́вое письмо́　21 通の新しい手紙

14.2 年齢の表現と ско́лько の用法

年齢をたずねるには，質問の対象となる人を与格で表し，ско́лько лет（何年）と組み合わせます．疑問詞 ско́лько（いくつの…）は生格を要求し，数えられる名詞は複数生格に，数えられない名詞は単数生格になります．この лет は不規則ですが，год（年）の複数生格として使われています．

 Ско́лько тебе́ **лет**?　きみは何歳？　— Мне де́сять лет.　ぼくは 10 歳だよ．

 Ско́лько лет э́той де́вочке?　この女の子は何歳ですか？　— Ей четы́ре го́да.　4 才です．

14.3 値段の表現と対格

値段をたずねるには ско́лько と動詞 сто́ить² を使います．сто́ить は値段を表す語句の対格を要求しますが，値段を表す語句の対格はほとんどの場合，主格とおなじです．ただ値段が，ты́сяча（千）など女性名詞として扱われる数詞で，末尾が単数形で終わる場合には語尾を対格にします．

 Ско́лько э́то сто́ит?　これはいくらですか．

 Э́то сто́ит четы́реста со́рок два рубля́.　これは 442 ルーブルです．

 Э́ти часы́ стоя́т **ты́сячу** рубле́й.　この時計は 1 000 ルーブルです．

14.4 時刻の表現（1）

「（今）何時ですか」には次のふたとおりの尋ねかたがあります．

 Кото́рый (тепе́рь) час?　— Ско́ро де́сять часо́в.　もうすぐ 10 時です．

 Ско́лько (сейча́с) вре́мени? (вре́мени は вре́мя の単・生)　— Сейча́с два часа́.

「…時に（〜する）」という場合は в を直前に添えます．

В кото́ром часу́ начина́ется конце́рт？　コンサートは何時に始まりますか。

В пять часо́в．　5 時に始まります。

　分の単位を表す場合は，「…時」を順序数詞（⇒表 **4.1**）で表しますが，0 時〜1 時の時間帯を пе́рвый (час)「第 1 の時」，1 時〜2 時を второ́й (час)「第 2 の時」などとし，これを「…分」のあとに男・単・生で添えます。たとえば де́сять мину́т второ́го は「第 2 時の 10 分」つまり「1 時 10 分」です。

Во ско́лько（＝ В кото́ром часу́）начина́ется конце́рт？

В де́сять мину́т шесто́го．　5 時 10 分に始まります。

★順序数詞は形容詞とおなじように変化します：пе́рвый（最初の）は硬変化 A（но́вый），второ́й（2 番目の）は硬変化 B（молодо́й）。なお тре́тий（3 番目の…）のみ特殊です（男 тре́тий，女 тре́тья，中 тре́тье，複 тре́тьи）。

★合成順序数詞（「21 番目の」等）については⇒表 **4.1**, **4.3**, **c**。

14.5　集合数詞

集合数詞は，単独で，または名詞（女性名詞を除く）や代名詞の複数生格とともに用いられ，複数の人やモノをまとまりとして表します：**дво́е** студе́нтов ふたりの学生，**тро́е** ма́льчиков 3 人組の少年。また，複数形しかない名詞を数える場合にも用いられます。

Ни́на подобрала́ сы́ну **дво́е** брюк．

集合数詞は複数生格を主語とする文の述語にもなります。

Нас **тро́е**．　私たちは 3 人です。

14.6　不定詞の用法

動詞の不定形を移動を表す動詞にそのまま添えて目的を表すことができます。

Она́ идёт **гуля́ть** в парк．　彼女は公園へ散歩に行くところです。

Ни́на с А́ней пое́хали **покупа́ть** А́не но́вое пальто́．

また動詞の不定形は，必要や禁止，不可能などを表す無人称述語（**8.5**）としても用いられます。

Мне ско́ро **е́хать**．　私はまもなく出発しなければならない。

Вам **помо́чь**？　（あなたを вам）手伝いましょうか？（店頭で；「お探しでしょうか」の意）

14.7　動詞 брать と взять

不完了体 брать に対応する完了体が взять です。

	брать				взять	
я	беру́	мы	берём	я	возьму́	мы	возьмём
ты	берёшь	вы	берёте	ты	возьмёшь	вы	возьмёте
он/она́	берёт	они́	беру́т	он/она́	возьмёт	они́	возьму́т
過去形	брал, брала́, бра́ло, бра́ли			過去形	взял, взяла́, взя́ло, взя́ли	

Упражнения 13

1 カッコ内にкоторый を適当な形で入れ，2つの文を1つにまとめて訳しましょう。

例) Это мой брат. Он сейчас учится на первом курсе университета.
   こちらは私の弟です。彼はいま大学の1年生です。
   → Это мой брат, (который) сейчас учится на первом курсе университета.
   こちらは，いま大学1年の弟です。

1) Дай, пожалуйста, очки. Они лежат на столе.
   → Дай, пожалуйста, очки, (　　　) лежат на столе.
2) Сегодня мне звонил старый друг. Я давно не видел его.
   → Сегодня мне звонил старый друг, (　　　) я давно не видел.
3) На столе лежит книга. Оля прочитала её сегодня утром.
   → На столе лежит книга, (　　　) Оля прочитала сегодня утром.
4) Это новая студентка. Мы говорили о ней.
   → Это новая студентка, о (　　　) мы говорили.
5) Вчера я видела известного писателя. Я читала рассказы этого писателя с большим интересом.
   → Вчера я видела известного писателя, рассказы (　　　) я читала с большим интересом.

♠ курс (大学の) 学年 [на...], лежать² 〚不完〛横たわっている；置いてある，известный 有名な (発音 изве[сн]ый)，писатель [男] 作家，интерес 関心；興味

2 カッコ内の単語を適切な形にしましょう。

1) Саша — мой (хороший) друг.　サーシャは私の親友です。
2) Нам (хорошо) остаться друзьями.　私たちは友達のままでいるほうがいい。
3) Этот город гораздо (большой), чем она думала.　この町は彼女の予想よりもはるかに大きい。
4) Какой писатель вам (много) нравится?　あなたのいちばん好きな作家は誰ですか。
5) Билеты в театр (дорогой), чем билеты в кино.　劇場のチケットは映画館のチケットより高い。

♠ остаться 〚完〛残る；(＋造)…のままでいる，театр 劇場；演劇

3 次の文を訳しましょう。

1) Я нашла для вас более интересную книгу.
2) Какой у вас самый любимый спектакль?
3) Старший брат говорит по-русски лучше, чем младший.
4) Чем сложнее, тем интереснее.
5) Лучше поздно, чем никогда.

♠ нашла 過・女＜найти (найду, найдёшь) 〚完〛見つける，спектакль [男] 劇，чем (比較級 А), тем (比較級 Б) АであればあるほどБだ

Упражнения 14

1 カッコ内の単語を適切な形に変えましょう。
1) Как до́лго вы тут рабо́таете? — Два (ме́сяц).「どのぐらい長くこちらで働いておいでですか」「2ヶ月です」
2) Он вы́брал две (руба́шка). 彼はシャツを2着選んだ。
3) Да́йте, пожа́луйста, пять (конве́рт) и де́сять (ру́чка). 封筒を5枚とペンを10本ください。
4) Ско́лько этаже́й у э́того до́ма? — У него́ четы́ре (эта́ж).「この建物は何階建てですか」「4階建てです」
5) Ско́лько иностра́нных студе́нтов у́чится у вас в университе́те? — У нас (они́) почти́ сто.「そちらの大学では何人の外国人の学生が学んでいますか」「うちの大学には彼らは100名近くいます」
♠ ме́сяц 月〔暦〕, вы́брать 選ぶ, конве́рт 封筒, ру́чка ペン, эта́ж 階（生 этажа́）, до́лго 長く, почти́ ほとんど

2 次の文を訳しましょう。
1) Ско́лько лет твоему́ двою́родному бра́ту?
2) Четы́ре го́да наза́д ему́ бы́ло восемна́дцать.
3) Мой брат ста́рше меня́ на пять лет.
4) В Москве́ биле́ты в кино́ в два ра́за деше́вле, чем в То́кио.
5) Обы́чно они́ встаю́т в полови́не седьмо́го.
♠ раз …倍；…回, полови́на 30分；半分

3 Сейча́с（いまは）に続けて次の時刻を言いましょう。
1) 1時 2) 7時 3) 5時10分 4) 8時13分 5) 10時25分

4 次のテクストを訳しましょう。
1) — Ско́лько у тебя́ бра́тьев? — спроси́л ма́льчик своего́ дру́га.
   — Оди́н, — отве́тил друг.
   — А почему́ твоя́ сестра́ сказа́ла, что у неё два бра́та?
2) — Па́па! Как узна́ть, что челове́к пья́ный?
   — Ви́дишь два де́рева? А пья́ному ка́жется, что их четы́ре.
   — Па́па, а где второ́е де́рево?
♠ своего́ 単・対（活）< свой, пья́ный 酔っている；酔っぱらい, де́рево 木（複 дере́вья）

УРОК 15 (пятнáдцать)

ニーナが映画監督に電話しています

[♪ : 52]

Нúна, котóрая сейчáс готóвит передáчу о совремéнном кинó, договáривается по телефóну с однúм режиссёром об интервью.

Нúна: Аллó. Здрáвствуйте. Э́то говорúт Нúна Никúтина с рáдио «Гóлос Москвы́». Мóжно попросúть Андрéя Николáевича?

Андрéй: Дóбрый день. Э́то я. Извинúте, что вчерá не успéл вам перезвонúть.

Нúна: Ничегó стрáшного. Я хотéла бы взять у вас интервью́ о сегóдняшней ситуáции вокрýг документáльного кинó.

Андрéй: Вообщé-то я довóльно давнó отошёл от документáльного кинó и перешёл к чúсто худóжественному.

Нúна: Я знáю, но вáше мнéние по-прéжнему óчень цéнно.

Андрéй: Спасúбо. К сожалéнию, сейчáс у меня́ идёт съёмка, поэ́тому я могý поговорúть с вáми тóлько в стýдии.

Нúна: Хорошó. Когдá вам удóбно?

Андрéй: Вы моглú бы приéхать в пя́тницу в три часá? Я скажý, чтóбы на проходнóй вам вы́писали прóпуск. Договорúлись?

Нúна: Да. Большóе спасúбо.

Слова к уроку [♪:53]

передача 番組
современный 現代の；現代的な
договариваться¹ 〖不完〗打ち合わせをする
по 〔前置詞〕(+与)…で(通信手段)
телефон 電話
одним 男・造＜один
режиссёр 監督(発音 режи[с]ёр)
интервью インタビュー；面接〔不変化〕(発音 ин[тэ]рвью)
алло もしもし(通話での呼びかけ)
это говорит... (電話で)こちらは…です。
голос 声(複 голоса)
Андрей Николаевич アンドレイ・ニコラエヴィチ(男性の名・父称)
перезвонить² 〖完〗電話をかけ直す
ничего страшного なんでもない；大丈夫
бы 〔助詞：無アクセント〕
взять интервью (у+生)(…に)インタビューする
сегодняшний 今日の；現代の
ситуация 状況；情勢
вокруг 〔前置詞〕(+生)…のまわり；…をめぐって

документальный 記録の；ドキュメンタリーの
отошёл 過・男＜отойти〖完〗(от+生)…から離れる
перешёл 過・男＜перейти〖完〗…に移る
чисто 純粋に＜чистый 純粋な
художественный 芸術的な；芸術の
по-прежнему 今までどおり
ценный 貴重な
съёмка 撮影
поэтому ですので；だから
студия スタジオ
удобно 〔無人述〕便利だ；好都合だ
приехать 〖完〗(乗り物で)やってくる；着く
пятница 金曜日
чтобы 〔接続詞〕…するように(発音 [ш]тобы)
проходная 守衛所
пропуск 通行証
договориться² 〖完〗話がまとまる
разбудить⁽²*⁾ (разбужу, разбудишь)〖完〗(眠る人を)起こす
аэропорт 空港
встать 〖完〗起床する；起きあがる
пойти (пойду, пойдёшь)〖完〗出かける

Перевод

現代のドキュメンタリー映画に関する番組を準備しているニーナが，電話である映画監督にインタビューを打診しています。

ニーナ	もしもし，こんにちは。《モスクワの声》放送局のニーナ・ニキーチナと申しますが，アンドレイ・ニコラエヴィチ監督をお願いできますか？
アンドレイ	こんにちは。本人です。きのうは折り返しお電話できなくてすみませんでしたね。
ニーナ	とんでもないです。じつはドキュメンタリー映画をとりまく今日の状況について監督にインタビューをしたいと思いまして。
アンドレイ	そもそも，私はもうだいぶ前にドキュメンタリー映画を離れて，純粋な芸術映画のほうに移ってしまったんですが。
ニーナ	それは承知していますが，監督のご意見は以前とおなじようにとても貴重ですので。
アンドレイ	どうもありがとう。あいにく今こちらは撮影中なので，スタジオでしかお話しできませんけど。
ニーナ	けっこうです。いつがよろしいでしょうか。
アンドレイ	では金曜日の３時に来ていただけますか。入場許可書を守衛所でもらえるようにいっておきますよ。それでいかがでしょうか。
ニーナ	はい，どうもありがとうございます。

第15課

15.1　不定人称文
不定人称文とは，主語を示さず，複数3人称または過去複数の動詞を述語とする構文です。動詞の表す行為の主体よりも，行為の内容そのものやその結果に焦点が置かれ，日本語の受身構文に近い意味を表します。

　　Говоря́т, что она́ больна́.　彼女は病気だそうだ（病気だということだ）。
　　Как вас **зову́т**?　あなたのお名前は？（あなたはどのように呼ばれていますか？）（**1.6**)
　　Вам **вы́пишут** про́пуск.　あなたには通行証が出ます。

15.2　仮定法（1）
「…したいのですが」や「…していただけませんか」「…すればいいのに」など，願望や意向を婉曲に表現する際に欠かせないのが仮定法です。仮定法は，助詞 бы と動詞の過去形または不定形の組み合わせでつくり，時制の区別はありません。

　　Я **хоте́л бы** взять у вас интервью́.　あなたにインタビューしたいのですが。
　　Вы не **могли́ бы** мне помо́чь?　手伝っていただけないでしょうか。
　　Лу́чше бы ты посмотре́ла како́й-нибудь фильм.　映画でも見るほうがいい（よかった）のに。
　　★ бы の位置はふつう動詞（過去形）の直後または文頭から2番目です。

15.3　接続詞 что́бы
接続詞 что́бы に続く従属節は，行為の目的，意志・願望の内容，必要条件などを表しますが，что́бы に含まれる -бы は上述のように仮定法をつくる要素ですので，従属節中の動詞は過去形をとります。

　　Мать разбуди́ла меня́, **что́бы** я **успе́л** в аэропо́рт.　母は私が空港に間に合うように起こしてくれた。（目的）
　　Я скажу́, **что́бы** вам **вы́писали** про́пуск.　あなたに通行証が発行されるように言います。（意志の内容；不定人称文）

なお，行為の目的を示す場合，従属節中の主語が主節中の主語とおなじ場合は，что́бы に不定形を続けます。

　　Мать вста́ла ра́но, что́бы **успе́ть** в аэропо́рт.　母は空港に間に合うように早く起きた。（目的）

15.4　移動動詞の派生
定動詞・不定動詞（**11.6**）はいずれも不完了体ですが（**12.2**），空間に関する意味を表すおなじ接頭辞がつくと，定動詞から完了体動詞が，不定動詞から不完了体動詞がそれぞれ派生し，それとともに，定動詞と不定動詞の区別はなくなります。идти́ と ходи́ть，е́хать と е́здить からの派生語から，よく使われるものをまとめておきます。

・идти́/ходи́ть からの派生の例（идти́ は接頭辞がつくと -йти́ になります）

в-/во- (中へ)	войти́〖完〗	входи́ть〖不完〗	入る
за- (寄る)	зайти́〖完〗	заходи́ть〖不完〗	立ち寄る
при- (到着)	прийти́〖完〗	приходи́ть〖不完〗	着く；やってくる
про- (通過)	пройти́〖完〗	проходи́ть〖不完〗	通り過ぎる；通っていく
у- (去る)	уйти́〖完〗	уходи́ть〖不完〗	去る；帰っていく

・е́хать/е́здить からの派生の例（е́здить は接頭辞がつくと -езжа́ть[1] になります）

за- (寄る)	зае́хать〖完〗	заезжа́ть〖不完〗	(乗り物で) 立ち寄る
при- (到着)	прие́хать〖完〗	приезжа́ть〖不完〗	(〃) 着く；やってくる
про- (通過)	прое́хать〖完〗	проезжа́ть〖不完〗	(〃) 通り過ぎる；通っていく
у- (去る)	уе́хать〖完〗	уезжа́ть〖不完〗	(〃) 去る；帰っていく

15.5　接頭辞 по- の用法

接頭辞 по- が定動詞につくと，空間に関する意味ではなく「出発；開始」を表す完了体動詞になります：идти́ → пойти́ 出かける，е́хать → пое́хать（乗り物で）発つ，等

　　Ни́на с А́ней пое́хали покупа́ть А́не но́вое пальто́.（14 課）
　　Пошёл дождь. 雨が降りだした。

　他方，移動の動詞以外では，接頭辞の по- は，「ちょっと…する」というニュアンスを加え，多くの動詞から完了体動詞を派生します：почита́ть ちょっと読む，поговори́ть ちょっと話す，поиска́ть ちょっと探す（8 課）。（比較級につく по- の用法は ⇒ **13.2**）

15.6　前置詞 по（＋与格）の用法

前置詞 по と与格の組み合わせは様々な意味で多用されます：
（通信手段）　по телефо́ну 電話で，по ра́дио ラジオで
（運動の領域）　гуля́ть по па́рку 公園を散歩する
（判断の基準）　по моему́ мне́нию 私の意見では
（関連する範囲）　друг по шко́ле 学校の友達，уче́бник по ру́сскому языку́ ロシア語の教科書

15.7　時の表現（1）：…曜日に

「…曜日に」は前置詞 в と曜日の名前の対格で表します。対格の形とアクセントの位置，および前置詞 в が во にかわる火曜日に注意して覚えましょう。なお，ロシアのカレンダーは月曜日始まりです。

月	понеде́льник	в понеде́льник
火	вто́рник	**во** вто́рник
水	среда́	**в сре́ду**
木	четве́рг	в четве́рг
金	пя́тница	в пя́тницу
土	суббо́та	в суббо́ту
日	воскресе́нье	в воскресе́нье

УРОК 16 (шестна́дцать)

偶然の出会いです

[[♪ : 54]]

В кни́жном кафе́, где Фу́мио лю́бит проводи́ть свобо́дное вре́мя, он ре́дко ви́дит знако́мые ли́ца. Но сего́дня он случа́йно встре́тил там Татья́ну.

Фу́мио: Ой, кого́ я ви́жу! Приве́т, Та́ня!

Та́ня: Приве́т, Фу́мио! Что де́лаешь?

Фу́мио: Ты зна́ешь, в ноябре́ вы́шла но́вая кни́га И́горя Бори́совича. Вот она́: «Иску́сство перево́да и поня́тие литерату́ры». Точне́е, э́то сбо́рник стате́й, кото́рый он соста́вил.

Та́ня: Я то́же зашла́ посмотре́ть э́тот сбо́рник. Про него́ мно́го говоря́т.

Фу́мио: Сбо́рник ка́жется дово́льно тру́дным, но зато́ о́чень интере́сным для тех, кто серьёзно занима́ется э́той о́бластью. Кста́ти, за́втра 25-е января́, Татья́нин день. Пойдёшь на студе́нческий пра́здник?

Та́ня: Не пойду́. Мне вообще́ не нра́вится, когда́ вокру́г шу́мно.

Фу́мио: Мне то́же. Слу́шай, за́втра я хочу́ сходи́ть в Моско́вский зоопа́рк, а то ра́ньше всё вре́мя бы́ло не́когда. Дава́й пойдём вме́сте!

Та́ня: С удово́льствием.

Слова к уроку   [♪：55]

книжный　本（книга）の
кафе　カフェ：喫茶店〔不変化〕（発音 ка[фэ]）
проводить(2*) (провожу́, прово́дишь)【不完】
　過ごす
знако́мый　知り合いの：覚えのある
лицо́　顔；人物（複ли́ца）
случа́йно　偶然に：たまたま
встре́тить(2) (встре́чу, встре́тишь)【完】出会
　う：迎える
кого́ я ви́жу　誰かと思えば（意外な人に会った時
　の決まり文句）
Та́ня　ターニャ（女性名 Татья́на の愛称）
ноя́брь　[男] 11月（生ноября́）
вы́шла　過・女＜вы́йти (вы́йду, вы́йдешь)【完】
　出る
иску́сство　技術：芸術（発音 иску́[с]тво）
перево́д　翻訳
поня́тие　概念：知識
литерату́ра　文学
точне́е　正しくは
сбо́рник　論集
статья́　論文：記事
соста́вить(2) (соста́влю, соста́вишь)【完】作成
　する：組む
зайти́ (зайду́, зайдёшь)【完】寄る
каза́ться (кажу́сь, ка́жешься)【不完】(+造)
　…に見える
тех　複・生＜тот
серьёзно　真剣に；まじめに
о́бласть　[女] 州；分野
пя́тый　5番目の
янва́рь　[男] 1月（生января́）
Татья́нин день　タチヤーナの日〔学生の祭日〕
студе́нческий　学生の
пра́здник　祝日；お祭り（発音 пра́[зн]ик）
вокру́г　まわりで
шу́мно　〔無人述〕うるさい；騒々しい
слу́шай　あのね
сходи́ть(2*) (схожу́, схо́дишь)【完】行ってくる
моско́вский　モスクワ（Москва́）の
зоопа́рк　動物園
всё вре́мя　いつでも：ずっと
не́когда　(+不定形)…するひまがない
дава́й　命＜дава́ть(1) (даю́, даёшь)【不完】与える
обе́д　昼食：ランチ
число́　数：日にち
экску́рсия　見学：遠足：エクスカーション

Перевод

文夫は暇な時間をブックカフェで過ごすのが好きですが，そこでは顔見知りに会うことはあまりありません。ところが今日はそこで偶然ターニャに会いました。

文夫　　　あれ，誰かと思ったら。やあターニャ。
ターニャ　文夫くん，こんにちは。何してるの？
文夫　　　あのね，11月にニキーチン先生の新しい本が出たんだ。ほらこれ。『翻訳の技術と文学の概念』。正
　　　　　確にいうと，これは先生が編集した論文集だね。
ターニャ　私もその論集を見に寄ったのよ。この文集はいろいろと評判になってるわね。
文夫　　　かなり難しそうな論文集だけど，そのかわりこの分野を真剣に勉強している人にとってはすごくお
　　　　　もしろそうだね。ところで，あしたは1月25日でタチヤーナの日だよね。学生たちのお祭りを見
　　　　　に行くの？
ターニャ　行かないよ。そもそもまわりが騒々しいのは苦手だから。
文夫　　　ぼくもなんだ。あのさ，明日はモスクワ動物園に行きたいと思ってるんだ。ずっと行く機会がなかっ
　　　　　たものだから。一緒に行こうよ。
ターニャ　ええ，よろこんで。

第16課

16.1　関係副詞 где, куда́, когда́
疑問副詞 когда́, где, куда́ は，それぞれ時や場所を表す関係副詞として名詞を修飾することができます。

  кафе́, **где** она́ рабо́тает　彼女が働いているカフェ
  кафе́, **куда́** он хо́дит　彼が通っているカフェ
  свобо́дное вре́мя, **когда́** нет заня́тий　授業のない自由な時間

16.2　関係代名詞（2）кто, что
指示代名詞 тот/те「…である者（単／複）」（**3.4**）や定代名詞 все「…である皆」（**6.4**）が先行詞になる場合は кто が，то「…であること」が先行詞になる場合は что が，それぞれ関係代名詞として用いられます。кто, что の格は従属節中での役割に応じて変化します。

  тот/те, **кто** изуча́ет ру́сский язы́к　ロシア語を勉強している人／人々（比較：студе́нт, кото́рый
    изуча́ет ру́сский язы́к　ロシア語を勉強している学生）
  все, **кто** хо́чет/хотя́т занима́ться ру́сским языко́м　ロシア語をやりたいと思うひと皆
  то, о **чём** он ду́мал　彼が考えていたこと

16.3　勧誘法「…しましょう」
聞き手・読み手をある行為に誘うときに用いられる構文を**勧誘法**といいます。まず動詞 дава́ть（与える：渡す）の2人称命令形 **дава́й**（вы を用いる相手には **дава́йте**；**10.1**）を文頭におき，その直後に，完了体動詞の現在複数1人称形，または，不完了体動詞の不定形ないし未来形（**9.1**）複数1人称形を加えます。

  Дава́й(те) {
   отдохнём!　ひと休みしよう（しましょう）【完】
   пойдём в парк!　公園へ行こう（行きましょう）【完】
   говори́ть по-ру́сски!　ロシア語で話そう（話しましょう）【不完】
   бу́дем осторо́жнее.　もっと注意深くなろう（なりましょう）【不完】

 идти́, пойти́, (по)е́хать などの移動動詞では，上記の形のほか，дава́й(те) のない複数1人称形だけでも勧誘法になります。この場合，вы を用いるべき相手に対しては末尾に -те を添えましょう。

  Пойдёмте в парк!（＝Дава́йте пойдём в парк!）　公園へ行きましょう。

16.4　「…すべき…がない」の表現
疑問詞の когда́, где や куда́ に не- を冠した не́когда, не́где, не́куда は，「…すべき場所・時間がない」を表す無人称述語（**8.5**）として与格と動詞不定形とともに用います。未来形・過去形ではそれぞれ бу́дет, бы́ло を添えます。

  Мне **не́куда** сходи́ть ве́чером.　私は晩に出かけるところがない。
  Мне бы́ло/бу́дет **не́когда** сходи́ть на обе́д.　私は昼食にいくひまがなかった／ない。

 同様に否定代名詞 не́кого, не́чего は，動作の対象（…すべき相手・モノ）が存在しないことを表し

ます．格変化はそれぞれ кто, что とおなじですが主格がなく，アクセントはつねに не- の上にあります．никто́, ничто́ (**10.4**) の生格 никого́, ничего́ と混同しないように．

 Бы́ло **не́чего** де́лать． することがなかった．

 Нам **не́чем** писа́ть． 私たちは書くもの（ペンなどの道具）がない．（造）

前置詞とともに使う場合は，не́ が分離し，前置詞は не́ の直後に置かれます．

 Бы́ло **не́ с кем** игра́ть в футбо́л． サッカーをする相手がいなかった．（造）

 Нам **не́ о чем** говори́ть． 私たちは話すことがない．（чем＜чём 前）

 Не́ за что． どういたしまして．（за＋対格：謝意の対象）

16.5 時の表現（2）：日付のたずねかた

曜日は како́й день で，日付は како́е число́ でたずねます．何月何日と答えるには，（число́ を省いて）順序数詞の単数中性形主格で日付を表し，その後に月名（生格）を添えます．

 Како́й сего́дня день? 今日は何曜日ですか．— Сего́дня воскресе́нье． 日曜日です．

 Како́е сего́дня число́? 今日は何日ですか．— Сего́дня **восьмо́е** ма́рта． 3月8日です．

「何日に…する」と副詞として使う場合には順序数詞の部分を生格にします．

 Како́го числа́ вы пое́дете на экску́рсию? 何月何日に見学に行きますか．

 Восьмо́го ма́рта． 3月8日に（行きます）．

16.6 時の表現（3）：…月に

「…月に」は，前置詞 в と月名の前置格で表します．生格以下でアクセントが語尾に移動する月名に注意しましょう．

1月	янва́рь（生 января́）	в январе́		7月	ию́ль（生 ию́ля）	в ию́ле
2月	февра́ль（生 февраля́）	в феврале́		8月	а́вгуст（生 а́вгуста）	в а́вгусте
3月	март（生 ма́рта）	в ма́рте		9月	сентя́брь（生 сентября́）	в сентябре́
4月	апре́ль（生 апре́ля）	в апре́ле		10月	октя́брь（生 октября́）	в октябре́
5月	май（生 ма́я）	в ма́е		11月	ноя́брь（生 ноября́）	в ноябре́
6月	ию́нь（生 ию́ня）	в ию́не		12月	дека́брь（生 декабря́）	в декабре́

ロシアの祝祭日とタチヤーナの日 休日と定められている祝日は次のとおりです：新年 нового́дние кани́кулы（1月1日～5日），降臨祭 Рождество́ Христо́во（1月7日），祖国防衛の日 День защи́тника Оте́чества（2月23日），国際婦人デー Междунаро́дный же́нский день（3月8日），春と労働の祝日 Пра́здник Весны́ и Труда́（旧メーデー，5月1日），勝利の日 День Побе́ды（旧対独戦勝記念日，5月9日），ロシアの日 День Росси́и（6月12日），国民団結の日 День наро́дного еди́нства（11月4日）．降臨祭とはユリウス歴に基づくロシア正教のクリスマスで，年末から1月14日（旧正月）にかけてモミの木 ёлка を飾って新年とともに祝います．1755年，古代ローマの受難者タチアナを寿ぐ1月25日にエリザヴェータ女帝がモスクワ大学設立の勅令を出して以来，タチアナは学生の守護聖人とされ，1月25日は休日ではないものの，「学生の日」として祝われています．

Упражнения 15

1 カッコ内の動詞を適当な形にしましょう。
1) В э́том магази́не (продава́ть) о́вощи, фру́кты и мя́со.　この店では野菜と果物と肉を売っています。
2) В э́той столо́вой о́чень вку́сно (гото́вить) ры́бу.　この食堂は魚料理がとてもおいしい。
3) Мне (сказа́ть) бо́льше занима́ться спо́ртом.　私はもっとスポーツをするようにいわれた。
♠ продава́ть⁽¹⁾【不完】売る，о́вощи 野菜〔複数のみ〕，фру́кты 果物〔複数のみ〕，мя́со 肉，вку́сно おいしく，ры́ба 魚

2 動詞の部分を仮定法に変えて婉曲な表現にしましょう。
1) Я хочу́ вам помо́чь.
2) Они́ хотя́т взять интервью́ у э́того изве́стного писа́теля.
3) Вы не мо́жете помо́чь мне пригото́вить у́жин?
♠ пригото́вить⁽²⁾【完】料理する；用意する，у́жин 夕食

3 次の文を訳しましょう。
1) Врач сказа́л, что́бы она́ принима́ла друго́е лека́рство.
2) Врач сказа́л, что она́ принима́ла друго́е лека́рство.
3) Я бы хоте́л, что́бы вы прие́хали к нам.
4) Ва́жно, что́бы ты относи́лся к гриба́м осторо́жнее, чем ра́ньше.
♠ друго́й 別の；ちがう

4 例にならって次の直接話法の文を間接話法の文に書き換えて訳しましょう。
例) Оте́ц сказа́л до́чери: «Не бо́йся оши́бок». → Оте́ц сказа́л до́чери, что́бы она́ не боя́лась оши́бок.　父は娘に間違いを怖がらないように言った。
1) Я скажу́ ему́: «Не опа́здывай на рабо́ту».
2) Мой друг по университе́ту посове́товал мне: «Почита́й э́ту кни́гу».
3) Роди́тели написа́ли сы́ну: «Пиши́ нам поча́ще».
♠ опа́здывать¹【不完】遅刻する；遅れる，ча́ще 比＜ча́сто しばしば

5 次のテクストを訳しましょう。
Мать с сы́ном провожа́ли отца́, кото́рый уезжа́л в командиро́вку. Когда́ по́езд отошёл, ма́льчик уви́дел, что к платфо́рме подошёл друго́й по́езд.
— Смотри́, ма́ма, — сказа́л ма́льчик, — по́езд возвраща́ется. Наве́рное, па́па опя́ть что́-нибудь забы́л.
♠ провожа́ть¹【不完】見送る，уезжа́ть¹【不完】去る；旅立つ，командиро́вка 出張，по́езд 電車，отошёл 過・男＜отойти́【完】離れる，платфо́рма プラットフォーム，подошёл 過・男＜подойти́【完】近づく，возвраща́ться¹【不完】戻ってくる，забы́ть【完】忘れる

Упражнения 16

1 次の文を訳しましょう。
1) Недáвно я был в деревне, где я роди́лся.
2) Онá живёт в небольшóм гóроде, кудá не летáют самолёты.
3) Они́ приéдут в Москву́ в сентябре́, когдá начинáется учéбный год.
♠ недáвно 最近：さきほど，роди́ться⁽²⁾【完】生まれる，летáть¹【不完】〔不定〕飛ぶ，учéбный 学業の

2 次の文を訳しましょう。
1) Тот, кто нé был в Япóнии, никогдá не смóжет её понять.
2) Про непонятные грибы́ нáдо спроси́ть когó-нибудь, кто хорошó их знáет.
3) Я знáю тогó, комý ты помогáла писáть статью́.
4) У них есть всё, чегó нет у нас.
♠ смóжет 単3<смочь【完】…できる，понять【完】理解する

3 下線部にカッコ内の動詞を適切な形で入れて文を完成しましょう。
1) Давáйте ＿＿＿＿ по-рýсски.　ロシア語で歌いましょう。(петь【不完】)
2) Давáйте ＿＿＿＿ девятнáдцатого января́.　1月19日に会いましょう。(встрéтиться⁽²⁾【完】)
3) ＿＿＿＿ вмéсте на егó концéрт в суббóту.　土曜日に彼のコンサートに行きましょう。(пойти́【完】)
4) Давáй не бýдем ＿＿＿＿.　遠慮するのはやめておこう。(стесняться¹【不完】)
♠ петь (пою́, поёшь)【不完】歌う，встрéтиться⁽²⁾ (встрéчусь, встрéтишься)【完】会う

4 次の文を訳しましょう。
1) Нам бýдет нéчего сказáть об э́том.
2) Мне нéкогда смотрéть послéдние фи́льмы.
3) Нáшим друзьям бы́ло нéчего дéлать.
4) Плáвать им бы́ло нéгде.
♠ плáвать¹【不完】泳ぐ

5 次の日付をロシア語に訳しましょう。
1) 1月7日　2) 3月8日　3) 5月1日　4) 6月12日　5) 11月7日　6) 12月12日

語法メモ（4）所有形容詞　16課の本文に出てくる「タチヤーナの日」Татья́нин день の«Татья́нин»は，女性名 Татья́на から派生した所有形容詞（⇒ 表 3.3）です。所有形容詞をつくることができるのは，-а または -я に終わる固有名詞と親族名称に限られ（Натáша ナターシャ＞Натáшин, тётя おば＞тётин など），一般に3人称の人物について，「…の」（所有）を表すには，その人物を表す名詞の生格を後置して用いますが，とくに口語では所有形容詞が多く用いられます。

УРОК 17 (семнадцать)

夢だったようです

〖♪ : 56〗

Фумио: ... Так что во вчерашнем сне я пригласил Таню в зоопарк, потом целый день гулял с ней по городу, и нам было очень весело. Если бы я был такой же смелый, как во сне, то признался бы ей в любви хоть сейчас...

Саша: Но ведь на самом деле вы с ней ещё плохо знаете друг друга. Сначала тебе нужно с ней пообщаться, чтобы узнать, какого она о тебе мнения. «Тише едешь, дальше будешь».

Фумио: Думаю, ты прав. Я слышал, что Игорь Борисович пригласил на вечер всех своих студентов, то есть Татьяну тоже, правда? Мне бы хотелось, чтобы всё получилось так же, как во сне!

Оля: Кстати, мы с Мики думаем привезти на вечер вино и торт. Саша, ты не забудь шампанское, а ты, Фумио, можешь купить цветы.

Фумио: Обязательно привезу. Как ты думаешь, какие цветы нравятся Тане?

Оля: Фумио, что ты! Я имею в виду цветы для хозяйки!

Слова к уроку [♪ : 57]

сне　前＜сон　夢；眠り（生 сна）
пригласи́ть(2) (приглашу́, пригласи́шь)【完】招く；誘う
пото́м　それから；あとで
це́лый　まるまる…；…全体
ве́село　楽しい；愉快だ
е́сли А…, то Б…　А であるならば Б だ
тако́й же А, как Б　Б とおなじように А だ
сме́лый　大胆な；勇気がある
призна́ться¹【完】（与＋в＋前）…を告白する
любви́　前＜любо́вь ［女］愛（生 любви́）
хоть сейча́с　今すぐにでも
друг дру́га　おたがいを
снача́ла　まず；最初に
обща́ться¹　交際する；おしゃべりする
како́го мне́ния　単・生＜како́е мне́ние
тебе́　前＜ты
ти́ше　比較級＜ти́хо　静かに
да́льше　比較級＜далеко́　遠くに
ти́ше е́дешь, да́льше бу́дешь　急がば回れ〔諺〕
слы́шать²【不完】耳にする；聞こえる
ве́чер　晩；パーティー［на…］
то́ есть　つまり

…, пра́вда?　…ですよね？
хоте́ться【不完】〔無人動〕…したい気がする
получи́ться²*【完】（結果として）…になる
так же, как…　…とおなじように
привезти́ (привезу́, привезёшь)【完】（乗り物で）持っていく
торт　ケーキ
забу́дь　命＜забы́ть【完】忘れる
шампа́нское　スパークリングワイン
обяза́тельно　かならず；きっと
что ты!　〔驚きや呆れを表す間投詞〕
име́ть¹【不完】もつ；有する
вид　外見；視野（前置格 в виду́, о ви́де）
име́ть в виду́…　…を念頭に置く；考慮する
хозя́йка　女主人
пого́да　天気
нести́〔定〕/ носи́ть(2*)〔不定〕（歩いてモノを）運ぶ
вести́〔定〕/ води́ть(2*)〔不定〕（歩いて人を）導く
везти́〔定〕/ вози́ть(2*)〔不定〕（乗り物で人・モノを）運ぶ
приноси́ть(2*)【不完】もってくる
перевести́【完】/ переводи́ть(2*)【不完】　翻訳する

Перевод

文夫　…というわけで，きのう夢でぼくはターニャを動物園に誘って，それから一日中彼女といっしょに町を散歩してね，すごく楽しかった。ぼくが夢のなかみたいに大胆だったら，いますぐにでもターニャに告白するんだけど……。

サーシャ　ところが，実際はきみとターニャはお互いのことをあんまり知らないからね。まずは彼女とちょっとおしゃべりして，ターニャがきみのことをどう思っているのかを伺う必要があるね。「急がば回れ」だ。

文夫　きみの言うとおりだよ。ニキーチン先生はパーティーに学生みんなを招待してくれたそうだけど，ということはターニャもくるんだよね？　ぜんぶ夢の中とおなじになったらいいんだけどなぁ。

オーリャ　ところで，私と美紀はパーティーにワインとケーキを持って行くつもり。サーシャはスパークリングワインを忘れないでね。文夫は花を買ってきてくれればいいわ。

文夫　かならず持っていくよ。で，ターニャはどんな花が好きだと思う？

オーリャ　やだ文夫，なに言ってるの？　私が言ってるのは奥様にさしあげるお花のこと！

第17課

17.1 相互代名詞 друг дру́га
друг дру́га は全体で「相互に，おたがいに」を意味する代名詞として使われます。最初の друг の形は変わりませんが，дру́га の部分は文中での役割に応じて（単数形で）格変化し，前置詞に導かれることもあります。

 Они́ хорошо́ понима́ют **друг дру́га**. 彼らはおたがいによく理解しあっている。〔対格〕

 Мы пло́хо зна́ем **друг о дру́ге**. 私たちはおたがいのことをあまりよく知らない。〔о＋前置格〕

17.2 述語生格
主語の特徴を述べるために，名詞または名詞句の生格が単独で述語となる場合があります。

 Како́го цве́та ва́ша маши́на? あなたの車は何色ですか？（生＜како́й цвет 何色）

 Не зна́ю, **како́го** она́ **мне́ния** о нём. 彼女が彼についてどのような意見（生＜како́е мне́ние）か，わからない。

17.3 仮定法（2）
「もし…なら」を意味する従属節の内容が，「もしかりに…」という現実に反する仮定に基づいている場合は，従属節と主節で仮定法（**15.2**）が用いられます。仮定法には過去・現在・未来の区別がなく，時を表す語句がなければ文脈で判別します。

 Е́сли **бы была́** хоро́шая пого́да, мы (вчера́/за́втра) **пое́хали бы** на экску́рсию. 天気がよければ，遠足に行くのに（昨日は遠足に行ったのに／明日は遠足に行くのに）。

 ★ бы は е́сли とともに使われる場合はかならず е́сли の直後にきます。

従属節の内容が現実に反する仮定ではなく，現実の条件を述べるだけの場合は仮定法を用いません。

 Е́сли за́втра бу́дет хоро́шая пого́да, мы пое́дем на экску́рсию. 明日は天気がよければ遠足に行きます。

17.4 一般2人称
任意の主語・行為者を想定して一般的な傾向（…なものだ）を述べる場合，代名詞および動詞は単数2人称が用いられます。ここでの2人称は聞き手を指しません。主語はしばしば省略されます。

 Понима́ете, когда́ **ты** молодо́й, **тебе́** ка́жется, что **ты** всё **мо́жешь**. いいですか，若いときには何でもできると思うものですよね。

 Ти́ше **е́дешь**, да́льше **бу́дешь**. 静かにいけば，そのぶんもっと遠くまでいける（急がば回れ）。

17.5 無人称動詞
хоте́ться（…したい気がする）や каза́ться（…に思える）など，一部の動詞は，на́до や нельзя́ などの無人称述語（**8.5**）と同様に無人称文（**9.2**）をつくり，与格で意味上の主語を示します。このような動詞を無人称動詞と呼びます。

 Са́ше **хо́чется** пойти́ с тобо́й на конце́рт. サーシャはきみとコンサートに行きたがっている。

 Мне бы **хоте́лось**, что́бы вам бы́ло ве́село. あなたが楽しいと良いのですが。

★ хотéться には хóчется（現在単数3人称）と хотéлось（過去中性）の形しかありません。

また，нрáвиться（8課）や стать（…になる）（11課）などの動詞も無人称動詞として使われます。

　Мне здесь **нрáвится**.　　私はここが気に入っている。

　Емý **стáло** хóлодно.　　彼は寒くなった。

17.6　定動詞・不定動詞（3）

既習の идти́/ходи́ть（**11.6**）や éхать/éздить（**12.1**）など，みずからが移動する意味を表す自動詞のほかに，モノや人を「運ぶ」の意味をもつ次の他動詞も定動詞・不定動詞の対をなしています。

		定動詞	不定動詞
歩いて	モノを持っていく	нести́	носи́ть
	人を連れていく	вести́	води́ть
乗り物で（モノ・人を）運ぶ		везти́	вози́ть

		нести́	вести́	везти́	носи́ть	води́ть	вози́ть
現在	я	несу́	веду́	везу́	ношу́	**вожу́**	**вожу́**
	ты	несёшь	ведёшь	везёшь	но́сишь	во́дишь	во́зишь
	⋮	⋮	⋮	⋮	⋮	⋮	⋮
	они́	несу́т	веду́т	везу́т	но́сят	во́дят	во́зят
過去	男	**нёс**	**вёл**	**вёз**	носи́л	води́л	вози́л
	女	несла́	вела́	везла́	носи́ла	води́ла	вози́ла
	中	несло́	вело́	везло́	носи́ло	води́ло	вози́ло
	複	несли́	вели́	везли́	носи́ли	води́ли	вози́ли

これらの定動詞・不定動詞のペアも，идти́/ходи́ть などと同様，接頭辞（**15.4**）を加えることにより，様々な空間的意味を表す別の動詞を派生させます。その際，現在人称変化の型は変わりません。

　нести́ / носи́ть　→　принести́〖完〗/ приноси́ть〖不完〗もってくる（14課）

　вести́ / води́ть　→　перевести́〖完〗/ переводи́ть〖不完〗移す；翻訳する

17.7　再帰所有代名詞 свой

主語が3人称の場合，その3人称に属する事物は егó, её, их ではなく свой（自分の）で表します。свой は мой（⇒表**1.4**）とおなじ変化をします。

　Он пригласи́л **свои́х** студéнтов.　　彼は自分の学生たちを招いた。

　（比較）Он пригласи́л **егó** студéнтов.　　彼は彼の（ある男性の）学生たちを招いた。

УРОК 18 (восемнáдцать)

どんな文学が好きですか

〖♪：58〗

Тáня: Мики, я слы́шала, что ты мнóго путешéствовала. В каки́х стрáнах ты ужé побывáла?

Ми́ки: Когдá я былá мáленькой, я жилá в Тýрции, а вообщé я собирáлась учи́ться и рабóтать в Берли́не, где ходи́ла в шкóлу. Но вернýвшись в Япóнию, я прочитáла « Брáтьев Карамáзовых », и мне вдруг захотéлось изучáть рýсскую литератýру. И вот я тут, в Росси́и.

Óля: Поня́тно, почемý Достоéвский — оди́н из сáмых читáемых и люби́мых писáтелей во всём ми́ре.

Ми́ки: Да. Кáждый раз, когдá перечи́тываю егó, я получáю потрясáющее впечатлéние.

Óля: А мне ли́чно áвторы, котóрые пи́шут про совремéнность, намнóго интерéснее клáссиков. А ты что предпочитáешь, Тáня?

Тáня: Мне нрáвится и то, и другóе. С однóй стороны́, я дýмаю, что совремéнную литератýру мóжно воспринимáть и не знáя клáссиков. С другóй стороны́, почитáв их, иногдá открывáешь в совремéнных вещáх мнóго интерéсного.

Слова к уроку　　　　　　　　　　　　　　　　　　　　　　　　　　　　　　　　　　　　　［♪：59］

путешéствовать(1)　〖不完〗旅行する
странáх　複・前＜странá　国（複 стрáны）
побывáть¹　〖完〗滞在する；過ごす
мáленькой　女・造＜мáленький　小さい
Берлúн　ベルリン
вернýться(1)（вернýсь, вернёшься）〖完〗戻る
брáтьев　複・対＜брат　兄弟（複 брáтья）
Брáтья Карамáзовы　カラマーゾフの兄弟
　（Достоéвский の長編小説）
вдрýг　きゅうに；突然
захотéться　〖完〗…が欲しくなる；…したくなる
и вот　そこで…となった
Достоéвский　ドストエフスキー（19世紀の作家）
читáемый　よく読まれている
мир　世界；平和
раз　…回；…倍
перечúтывать¹　〖不完〗読み返す
получáть¹　〖不完〗受けとる
потрясáть¹　〖不完〗ゆるがす；ショックを与える
потрясáющий　衝撃的な
лúчно　個人的に

áвтор　作者；著者
совремéнность　［女］現代
намнóго　〔比較級を強めて〕はるかに
клáссик　古典作家（発音 клá[с]ик）
предпочитáть¹　〖不完〗（与）よりも（対）のほうが
　好きだ
и то, и другóе　両方とも
сторонá　側面；方面
с однóй сторонý　一方では…
воспринимáть¹　〖不完〗深く理解する
с другóй сторонý…　他方では…
иногдá　ときどき；…することもある
открывáть¹　〖不完〗開ける；見いだす
чéстно　正直に（発音 чé[сн]о）
прийтú（придý, придёшь）〖完〗着く；到着する
пóнял　過・男＜понять（поймý, поймёшь）〖完〗
　わかる；了解する
слéдовать(1)　〖不完〗あとに続く
начинáть¹　〖不完〗始める
выпúсывать　〖不完〗書き抜く；発行する
осмотрéть²*　〖完〗見物する；診る

Перевод

ターニャ　美紀はすごく旅をしてきたって聞いたんだけど。これまでにどんな国に行ったことがあるの？
美紀　　　小さい頃はトルコに住んでて，学校に通ってたベルリンで勉強して働くつもりだったのね。でも日本に帰ってきてから『カラマーゾフの兄弟』を読んで，急にロシア文学が勉強したくなって。それで今こうしてロシアにいるというわけなの。
オーリャ　ドストエフスキーは世界じゅうでいちばん愛読されてる作家のひとりってわけね。
美紀　　　そうね。読み返すたびに，すごい感銘を受けるの。
オーリャ　個人的には私は現代のことを書いている作家のほうが古典作家よりもずっとおもしろいな。ターニャはどっちが好き？
ターニャ　私はどっちも好きよ。古典作家を知らなくても現代文学のことはちゃんとわかると思うし。反対に古典をちょっと読めば，時には現代ものにも面白いことがたくさん発見できるものよ。

マースレニツァと復活大祭　ロシアのイースターである復活大祭 Пáсха は春分（ユリウス暦）過ぎの満月後の日曜。復活大祭に先立つ約40日（日曜以外）は，肉や魚や卵，飲酒をつつしむ大斎 Велúкий пост で，大斎前の月曜からの1週間が謝肉祭マースレニツァ Мáсленица（バター мáсло 祭）です。バターたっぷりに焼いたブリヌィ блины́（薄焼きクレープ）は太陽の象徴で，2月〜3月のまだ寒い中，人々はブリヌィをほおばりながらソリ遊びに興じたり，広場で藁人形を焼いたりなどして盛大に冬を送り，春の訪れを待ち望みます。この陽気なマースレニツァに続く大斎が明けると，人々は「キリスト復活 Христóс воскрéсе!」「真に復活し給えり Воúстину воскрéсе!」と挨拶を交わし，美しく彩った卵を贈りあって復活大祭を祝います。

第18課

18.1 不完了体副動詞

「読みながら書く」や「読んでから書く」のように，動詞から派生し，副詞としてはたらく品詞を**副動詞**と呼びます。「…しながら」の意味を表す**不完了体副動詞**と「…してから」の意味を表す**完了体副動詞**があります。

不完了体副動詞は動詞（不完了体）の現在語幹に **-я**（ж, ч, ш, щ の後では **-а**）を加えてつくります。

читáть	（читá-）	→ читáя	読みながら
говорúть	（говор-）	→ говоря́	言いながら
идтú	（ид-）	→ идя́	歩きながら
учúться	（уч-）	→ учáсь	学びながら

不完了体副動詞は，主節の述語動詞が表す動作・状態と平行しておこなわれる動作や行為を表します。副動詞と述語動詞の動作主体は同一でなければなりません。

Oнá сидéла, **читáя** кнúгу. (＝Oнá сидéла и читáла кнúгу.)　彼女は座って本を読んでいた。

なお不完了体副動詞を用いた語句はしばしば副詞として使われます： мéжду нáми говоря́ ここだけの話だが， чéстно говоря́ 正直にいうと　等

18.2 完了体副動詞

完了体副動詞は動詞（完了体）の不定形語幹に接尾辞 **-в** を加えてつくります。ただし不定形が -йтú で終わる動詞では現在語幹に接尾辞 **-я** を加えます。СЯ 動詞の場合は接尾辞 **-вшись** を加えます。

прочитáть	（прочитá-）	→ прочитáв	読みおえてから
написáть	（написá-）	→ написáв	書きおえてから
вернýться	（вернý-）	→ вернýвшись	帰ってきてから
прийтú	（прид- 現在語幹）	→ придя́	到着してから

完了体副動詞は，主節の述語動詞の表す動作よりも前に完結した別の動作を表します。

Прочитáв кнúгу, онá пошлá домóй.　本を読み終えると，彼女は家に帰っていった。

副動詞（不完了体・完了体）は理由や条件を表すことがあります。

Плóхо **знáя** францýзский язы́к, он не пóнял, что онá сказáла.　彼はフランス語をよく知らないので，彼女が何を言ったのか分からなかった。

Прочитáв э́ту кнúгу, вы узнáете, почемý.　この本を読めば，理由がわかります。

18.3 能動形動詞現在

	能動形動詞	受動形動詞
現在	читáющий（読んでいる…）〖不完〗	читáемый（読まれる…）〖不完〗
過去	читáвший（読んでいた…）〖不完〗 прочитáвший（読みおえた…）〖完〗	прочúтанный（読まれた…）〖完〗

「読んでいる人」や「読まれた本」のように，動詞から派生して，形容詞とおなじ働きをする品詞を形

動詞と呼びます。形動詞には**能動形動詞**と**受動形動詞**があり，そのそれぞれに現在形と過去形があります。能動形動詞は хоро́ший と，受動形動詞は но́вый と，それぞれおなじ性・数・格変化語尾をもちます（⇒表 3.1）。

能動形動詞現在は「…している（〜）」を表し，不完了体動詞の現在複数 3 人称の語末の -т をはずし，**-щий** を加えてつくります。СЯ 動詞では -щий の直後に ся をつけますが，例外的に母音の直後でも -ся は -сь になりません。アクセントは原則として，第 1 変化の場合は複数 3 人称形に，第 2 変化の場合は不定形に準じます。

   чита́ть¹ （чита́ют） → чита́ющий 「読んでいる（…）」
   говори́ть² （говоря́т） → говоря́щий 「話している（…）」
   учи́ться²* （у́чатся） → уча́щийся 「学んでいる（…）」

能動形動詞は，関係代名詞による表現よりも簡潔なため，おもに書き言葉で用いられます。

  де́вочка, кото́рая чита́ет кни́гу ＝ де́вочка, чита́ющая кни́гу
  де́ти, кото́рые у́чатся в шко́ле ＝ де́ти, уча́щиеся в шко́ле

一部の形動詞は，個別に形容詞や名詞としても使われます：потряса́ющий 衝撃的な（＜потряса́ть），сле́дующий 次の（＜сле́довать 後に続く），начина́ющий 初心者（＜начина́ть 始める）

18.4　受動形動詞現在

受動形動詞現在は「…されている（〜）」を表し，不完了体の他動詞… の現在複数 1 人称の語末の -м の後に形容詞長語尾形の性・数・格語尾を加えてつくります。アクセントは不定形に準じます。一部の動詞から派生した受動形動詞が個別に形容詞として用いられるのみです。

  чита́ть（чита́ем） → чита́емый 「読まれている（…）」
  люби́ть（лю́бим） → люби́мый 「愛されている（…）＝お気に入りの（…）」

18.5　完了体・不完了体の派生

接頭辞のつかない動詞は基本的に不完了体で，ある接頭辞がつくとおなじ意味の完了体となります。

  不完了体 чита́ть писа́ть смотре́ть
  完了体 **про**чита́ть **на**писа́ть **по**смотре́ть

接頭辞のないこうした不完了体に，別の接頭辞がつくと，意味の異なる別の完了体動詞になります。この新しい意味の完了体動詞に対応するおなじ意味の不完了体は接尾辞 **-ыва/-ива** を使ってつくられ，その結果，おなじ接頭辞をもつ新しい体のペアが生まれます。

不完了体	完了体	不完了体
чита́ть 読む	→ **пере**чита́ть 読み返す →	перечи́т**ыва**ть
писа́ть 書く	→ **вы́**писать 書き抜く；発行する →	выпи́с**ыва**ть
смотре́ть 見る	→ **о**смотре́ть 見物する；診る →	осма́тр**ива**ть

Упражнения 17

1 カッコ内に друг を適切な形にして入れましょう。
1) Они́ давно́ знако́мы друг с (　　　). 彼らは前からお互いに知り合いです。
2) Нам на́до бо́льше узна́ть друг о (　　　). 私たちはお互いのことをもっと知るべきだ。
3) Как отно́сятся друг к (　　　) ру́сские и япо́нцы? ロシア人と日本人はお互いに対してどう接していますか（お互いをどう考えていますか）。

2 例にならって，仮定法を使って言い換えましょう。
例) Она́ не пое́хала на экску́рсию, потому́ что был дождь.
　　→ Éсли бы не́ было дождя́, она́ пое́хала бы на экску́рсию.
1) Я не могу́ купи́ть э́тот фотоаппара́т, потому́ что у меня́ сейча́с нет ли́шних де́нег.
2) Я не стал арти́стом, потому́ что у меня́ не́ было тала́нта.
3) Та́к как за́втра не бу́дет свобо́дного вре́мени, я не пое́ду на да́чу.
4) Мы не мо́жем жить вме́сте, та́к как у нас нет большо́й кварти́ры.
5) Та́к как я знал, како́го он мне́ния о поли́тике, я не взял у него́ интервью́.

♠ фотоаппара́т カメラ，ли́шний 余分な，арти́ст アーティスト，та́к как... …なので〔一語として発音〕，поли́тика 政治

3 次の文を訳しましょう。
1) Ей о́чень хо́чется вы́пить воды́.*
2) На́шим студе́нтам давно́ хоте́лось учи́ть япо́нский.
3) Нам на́до спеши́ть, а то придётся до́лго ждать сле́дующего по́езда.
4) Éсли бы я был учи́телем, мне пришло́сь бы рабо́тать бо́льше, чем сейча́с.

♠ вы́пить 【完】飲む．спеши́ть² 【不完】急ぐ．придётся 単 3 < прийти́сь 【完】〔無人動〕(＋不定形) …しなければならなくなる．ждать 【不完】(＋生) …を待つ

*この生格（воды́ < вода́）は「全体からの一定分量」を表す「部分生格」と呼ばれるもので，英語の some... に相当します．一部の男性名詞は部分生格で特別な生格語尾をとります：чай 紅茶 > ча́ю，са́хар 砂糖 > са́хару 等．

4 次のテクストを訳しましょう。
1) Муж и жена́ опозда́ли на по́езд.
— Éсли бы ты собира́лась не так до́лго, — сказа́л муж, — мы бы не опозда́ли на по́езд.
— Éсли бы ты так не спеши́л, — отве́тила жена́, — мы бы не жда́ли так до́лго сле́дующего по́езда.
2) Мужчи́на прихо́дит в поли́цию и говори́т:
— Час наза́д я потеря́л буты́лку во́дки, её вам не приноси́ли?
— Буты́лку не приноси́ли, а вот того́, кто её нашёл, неда́вно принесли́.

♠ собира́ться¹ 【不完】支度をする．приходи́ть⁽²*⁾ (прихожу́, прихо́дишь) 【不完】やってくる．поли́ция 警察．потеря́ть¹ 【完】失う．буты́лка 瓶；ボトル．во́дка ウォッカ．нашёл 過・男 < найти́ 【完】見つける

Упражнения 18

1 次の不完了体動詞から副動詞（…しながら）をつくりましょう。
1) думать¹　2) звонить²　3) рисовать　4) встречаться¹　5) смотреть²*

2 次の完了体動詞から副動詞（…してから）をつくりましょう。
1) сделать¹　2) позвонить²　3) ответить²　4) выйти　5) признаться¹
♠ позвонить²《完》電話する

3 文脈に適した副動詞を選んで文を訳しましょう。
1) Он рассказывал о своей семье, (показывая《不完》| показав《完》) фотографии.
2) (Покупая《不完》| Купив《完》) одежду через интернет, она обычно платит карточкой.
3) (Встречая《不完》| Встретив《完》) в кафе знакомую студентку, он пригласил её в зоопарк.
4) (Договариваясь《不完》| Договорившись《完》) об интервью с режиссёром, она поехала к нему.
♠ через (+対) …を通して, платит 単3＜платить⁽²*⁾《不完》払う, встречать¹《不完》出会う

4 次の不完了体動詞から能動形動詞現在（…する～／…している～）をつくりましょう。
1) слушать¹　2) решать¹　3) подходить²*　4) учиться²*　5) вести
♠ решать¹《不完》解決する；決める, подходить⁽²*⁾ (подхожу, подходишь)《不完》近づく；適する

5 次の文を関係代名詞 который または кто を使って言い換えましょう。
例) Я знаю девушку, работающую у вас в музее.
　　→ Я знаю девушку, которая работает у вас в музее.
1) К нам приехал новый студент, очень хорошо говорящий по-японски.
2) Мы встретились с известными учёными, занимающимися проблемами окружающей среды.
3) На концерт пригласили детей, интересующихся музыкой.
4) Желающим больше узнать о России будет интересно посмотреть этот фильм.
♠ учёный 学者, проблема 問題, окружающая среда 環境, интересоваться⁽¹⁾《不完》(+造) …に関心をもつ, желать¹《不完》望む；欲する

語法メモ（5）挨拶と祝辞の語法　就寝時の挨拶 Спокойной ночи! は спокойная ночь（安らかな夜）の生格，また，別れぎわの挨拶 Всего доброго! は всё доброе（善いことのすべて）の生格です。これは生格を要求する動詞 желать（願う）に導かれる желаю вам/тебе...（私はあなたに…を願う）が省略されたものです。食事中の人に対する Приятного аппетита という挨拶も同様です。他方，動詞 поздравлять（祝う）は対格で祝う相手を，前置詞 с＋造格で祝うべき事柄を表しますが，祝辞では поздравляю вас/тебя（お祝いします）が省略され，たとえば，С Новым годом!（新年おめでとう），С днём рождения!（誕生日おめでとう），С праздником!〔祝日一般に対して〕などの表現になります。

УРОК 19 (девятнадцать)

イーゴリ先生のお宅に招かれて

〚♪：60〛

Закончив свои дела к четырём часам и купив цветы в киоске, Фумио пошёл к Никитиным на вечер. Ему не хотелось бы опоздать, но выйдя из метро, он понял, что забыл уточнить, как пройти к дому Никитиных. Телефона у него не было; он так спешил, что забыл его дома. Как быть? Вдруг к расстроенному Фумио подошла Таня. Какая встреча! Оказывается, она ехала в том же поезде, что и Фумио, только в другом вагоне.

— Привет, Фумио! — сказала Таня. — А ты, наверно, тоже к Игорю Борисовичу, да? Тогда давай пойдём вместе. Это совсем близко отсюда. Студенческая улица.

Фумио был так рад, что даже не знал, что сказать.

Фумио с Таней пришли к Никитиным часов в пять. Войдя в гостиную, они увидели большую ёлку, на которой висели красивые украшения. А когда стали садиться за стол, Таня села рядом с Фумио.

— Ты представляешь, — сказала она, — вчера мне приснилось, что я в Татьянин день гуляю по зоопарку вместе с тобой. И нам было так весело!

Слова к уроку　　　　　　　　　　　　　　　　　　　　　　　　　　　　　[♪：61]

четырём часа́м　与＜четы́ре часа́　4時
кио́ск　キオスク
Ники́тиным　与＜Ники́тины　ニキーチン一家（複）
метро́　地下鉄；地下鉄駅〔不変化〕
уточни́ть[2]　《完》たしかめる
пройти́ (пройду́, пройдёшь)　《完》(通って)たどり着く：通過する
Ники́тиных　生＜Ники́тины
так А, что Б　あまりにAなのでБだ
как быть?　どうすればいいのか
расстро́енный　がっかりした
встре́ча　出会い
ока́зываться[1]　〔無人動〕…であると判明する
тот же А, что и Б　БとおなじA
ваго́н　車両
бли́зко　〔無人述〕近い
отсю́да　ここから
у́лица　通り〔на…〕
да́же　…さえ：…までも
пришли́　過・複＜прийти́
войти́ (войду́, войдёшь)　《完》入る

гости́ная　客間
ёлка　モミの木（ツリー）
висе́ть[2] (вишу́, виси́шь)　《不完》掛かっている
украше́ние　飾り
стать (ста́ну, ста́нешь)　《完》(＋不完了体)…しはじめる：…するようになる
сади́ться[2] (сажу́сь, сади́шься)　《不完》着席する
сади́ться за стол　テーブルにつく
се́ла　過・女＜сесть (ся́ду, ся́дешь)　《完》着席する
ря́дом　となりに（с＋造）
присни́ться[2]　《完》〔無人動〕夢にみる
сли́шком　…すぎる；あまりに…だ
зонт　傘
оди́н и тот же...　同一の
тот же (са́мый)...　同一の
ста́вить[2]《不完》 / поста́вить[2]《完》　立たせる；置く
класть《不完》 / положи́ть[2]*《完》　(横にして)置く
ложи́ться[2]《不完》 / лечь《完》　横になる
ве́шать[1]《不完》 / пове́сить[2]《完》　掛ける

Перевод

4時までに自分の用事を済ませ，キオスクで花を買ってから，文夫はニキーチン先生のお宅のパーティーに出かけました。遅れたくありませんでしたが，地下鉄駅を出たところで彼はニキーチン先生のお宅への道順を確かめるのを忘れてしまったことに気づきました。電話もありません。とても急いでいたので家に忘れてきてしまったのです。どうしたらいいのでしょう。困っている文夫のところに突然ターニャが現れました。なんという出会い！　じつは彼女は文夫とおなじ電車の別の車両に乗っていたのでした。

　「文夫くん，こんにちは」とターニャがいいます。「文夫くんもやっぱりニキーチン先生のところに行くんでしょ？　だったらいっしょに行きましょう。ここからすぐのところ。ストゥジェンチェスカヤ通りね」

　文夫は嬉しくて何と言っていいかもわかりません。

　文夫とターニャは5時ごろニキーチン先生のお宅に着きました。客間に入ったところで，彼らは美しい飾りをつるした大きなツリーを見つけました。それぞれがテーブルに着くとき，ターニャは文夫の隣に座りました。
「あのね」とターニャ。「きのうタチヤーナの日にあなたといっしょに動物園を散歩する夢を見たのよ。それですごく楽しかったの」

第19課

19.1 時刻の表現（2）

「何時から（с которого часа）何時まで（до которого часа）」「何時までに（к которому часу）」といった時刻に関する表現は日常的に頻用されますが（**14.4**），そこで用いられる数詞は前置詞に応じて格変化します。とりわけ生格と与格が頻出します。

			час	два (2)	три (3)	четы́ре (4)	пять (5)	де́сять (10)
…時から	с	+生	ча́су | ча́са	двух	трёх	четырёх	пяти́	десяти́
…時まで	до							
…時までに	к	+与	ча́су	двум	трём	четырём	пяти́	десяти́

　数詞の変化にはいくつかの型がありますが（⇒表 **4.2**），上の時刻の表現を手がかりに数詞の活用を覚えていってください。なお「1時」は一般に数詞 оди́н を省いて час で表します（**14.1**）：с ча́су до трёх (часо́в)（1時から3時まで），с пяти́ до десяти́ (часо́в)（5時から10時まで），к трём (часа́м)（3時までに）

　★生格を要求する前置詞 без（…のない）を用いて без пяти́ семь「7時5分前（に）」等の表現も常用されます（なお原則として1～9分前の場合は пять（5分）以外では мину́та を省きません）。

19.2 概数

個数詞と名詞の結合は，順序が逆になると，おおよその数量を表します。

　　два часа́　2時間　→　часа́ два　2時間ほど

　　пять мину́т наза́д　5分前に　→　мину́т пять наза́д　5分ほど前に

前置詞に導かれる場合には，前置詞と数詞がそのまま名詞の後に回ります。

　　в два часа́　2時に　→　часа́ в два　2時ぐらいに

　　че́рез три дня　3日後に　→　дня че́рез три　3日後ぐらいに

　★時刻の概数は о́коло（約…）に数詞の生格をつづけても表せます：о́коло двух (часо́в) 2時頃に

19.3 姓の格変化

-ый(-ий, -ой)/-ая で終わる姓の変化は形容詞とおなじですが，-ин(-ын)/-ина(-ына)；-ов(-ев)/-ова(-ева) で終わる姓の変化は名詞の特徴と形容詞の特徴（太字部分）をあわせもちます。

	男	女	複
主	Ники́тин	Ники́тина	Ники́тины
生	Ники́тина	Ники́тин**ой**	Ники́тин**ых**
与	Ники́тину	Ники́тин**ой**	Ники́тин**ым**
対	Ники́тина	Ники́тину	Ники́тин**ых**
造	Ники́тин**ым**	Ники́тиной	Ники́тин**ыми**
前	о Ники́тине	о Ники́тин**ой**	о Ники́тин**ых**

19.4　接続詞 так と相関語句

так A, что Б は「とても A なので Б だ」を表します。否定的な内容の文の場合は слишком A, чтобы（＋不定形／仮定法）「…するには A すぎる」で言い換えることができます。

　　Он **так** спеши́л, **что** забы́л взять зонт.　とても急いでいたので傘を忘れてしまった。

　　Так хо́лодно, **что** нельзя́ до́лго стоя́ть на у́лице.　そとはすごく寒いので長くは立っていられない。（＝Сли́шком хо́лодно, что́бы до́лго стоя́ть на у́лице.）

так же A, как Б は「Б とおなじぐらい A だ」を表します。

　　Э́то **так же** тру́дно, **как** запо́мнить все иеро́глифы.（13 課）

19.5　「おなじ」と「ちがう」

「おなじ」と「ちがう」を表す語法は複数ありますが，ここでは指示代名詞 тот（**3.4**）を使った表現を学びます。

「おなじ…」は оди́н и тот же または тот же (са́мый) で表します。

　　Ю́ра и А́ня у́чатся в **одно́й и той же** шко́ле.　ユーラとアーニャはおなじ学校で学んでいる。

　　Я нашёл **тот же (са́мый)** журна́л.　私はおなじ雑誌を見つけた。

何とおなじであるかは что и で表します。

　　Ю́ра у́чится в **той же** шко́ле, **что и** А́ня.　ユーラはアーニャとおなじ学校で学んでいる。

「ちがう…」を表すには не тот...（直訳「その…ではない」）を用い，何と異なるかを示す場合は関係代名詞 кото́рый（**13.1**）または что（**16.2**）で表します。

　　Э́то **не тот** фильм, **кото́рый / что** мы ви́дели де́сять лет наза́д.　これは私たちが 10 年前に見たのとはちがう映画だ。

19.6　姿勢の状態と動作

人の姿勢やモノの静態を表す状態動詞は，動作動詞とのあいだに下表のような対応関係があります。既出の動詞とともに意味と形を整理しておきましょう。状態を表す動詞は定義上（**12.4**）すべて不完了体の自動詞です。動作動詞には不規則な現在語幹をもつものが多く，注意を要します（⇒表 **5.3**）。

状態動詞（不完）		動作動詞（不完／完）	
стоя́ть（6 課）	（モノが縦に）置いてある	ста́вить / поста́вить　（縦に立たせて）置く	（他）
	（人が）立っている	встава́ть（7 課） / встать（15 課）　起きる	（自）
лежа́ть（練 13）	（モノが横に）置いてある	класть / положи́ть　（横に寝かせて）置く	（他）
	（人が）寝ている	ложи́ться / лечь　寝る	（自）
сиде́ть（12 課）	すわっている	сади́ться / сесть（本課）　すわる	（自）
висе́ть（本課）	掛かっている	ве́шать / пове́сить　掛ける	（他）

УРОК 20 (два́дцать)

10 年後

〖♪ : 62〗

«Уважа́емые чита́тели! Э́тот уче́бник напи́сан для тех, кто без предвари́тельных зна́ний жела́ет в ограни́ченный срок осво́ить осно́вы грамма́тики япо́нского языка́. Пройдя́ его́, вы мо́жете счита́ть, что познако́мились со все́ми гла́вными граммати́ческими пра́вилами. Коне́чно, вам потре́буется самостоя́тельно запомина́ть слова́ и выраже́ния, но грамма́тика, приведённая в э́том уче́бнике, позво́лит вам чита́ть со словарём практи́чески любы́е те́ксты, напи́санные на япо́нском языке́...»

— Приве́т, Саш. Что де́лаешь? — спра́шивает О́ля, войдя́ на ка́федру восто́чных языко́в.

— Чита́ю предисло́вие к уче́бнику Фу́мио, — отвеча́ет Са́ша. — Неда́вно я написа́л ему́, что в сле́дующем семе́стре мы с тобо́й бу́дем са́ми вести́ япо́нский по его́ но́вому уче́бнику, и в отве́т он присла́л мне фотогра́фию, где он снят вме́сте с Та́ней.

Тем вре́менем Ми́ки, неда́вно пересели́вшаяся в Петербу́рг, отдыха́ет у себя́ до́ма.

— Ну, пусть раста́ет снег! — ду́мает Ми́ки, гля́дя на календа́рь. — Пусть скоре́е ста́нет тепло́.

За окно́м ещё прохла́дно, но светло́, слы́шно, как смею́тся, проходя́ по у́лице, студе́нты, у кото́рых начался́ но́вый семе́стр.

Слова к уроку [♪ : 63]

уважа́емый 〔呼びかけに用いる〕…様＜уважа́ть[1]《不完》尊敬する
чита́тель 読者
предвари́тельный 予備的な；事前の
зна́ний 複・生＜зна́ние 知識
ограни́чить[2] 《完》制限する
срок 期間
осво́ить[2] 《完》身につける；習得する
осно́ва 基礎
пройти́ 《完》やり通す
познако́миться[2] 《完》(с＋造)…と知り合う
граммати́ческий 文法の；文法的
пра́вило 規則
потре́боваться[1] 《完》要求される
самостоя́тельно 自主的に；独立して
выраже́ние 表現
привести́ (приведу́, приведёшь) 《完》連れてくる；挙げる
позво́лить[2] 《完》(＋不定形)…することを可能にする；許す
практи́чески 実質的に
любо́й どの…も
текст テクスト
Саш! サーシャよ (Са́ша への呼びかけ)
ка́федра 講座；学科 [на...]
восто́чный 東 (восто́к) の；東洋の

предисло́вие 前書き；序文
семе́стр 学期
вести́ (веду́, ведёшь) 《不完》(科目を) 教える；受けもつ
отве́т 答え；返事
в отве́т 返事として
присла́ть (пришлю́, пришлёшь) 《完》送ってくる
снять (сниму́, сни́мешь) 《完》とる
тем вре́менем そのとき；その間
пересели́ться[2] 《完》移住する；引っ越す
ну 〔強調の助詞〕
пусть 〔間接命令法をつくる助詞〕…させよう；…してもらおう；…してもらいたい
раста́ять[1] 《完》溶ける
гляде́ть[2] (гляжу́, гляди́шь) 《不完》(на＋対)…を見る
календа́рь 〔男〕カレンダー (生 календаря́)
ста́нет 単 3＜стать
за 〔前置詞〕(＋造)…の向こうで
прохла́дно 〔無人述〕涼しい；肌寒い
светло́ 〔無人述〕明るい
слы́шно 〔無人述〕聞こえる
смея́ться[1] 《不完》笑う
нача́ться 《完》始まる
наде́яться[1] 《不完》願う

Перевод

《読者の皆さま。本書は予備知識なしの状態から限られた期間で日本語の基礎文法全般を身につけたいという方を対象に書かれています。本書をやり通せば，おもな文法規則はすべて習ったといえるでしょう。もちろん（今後も）単語と表現を自主的に覚えていくことが必要になりますが，この教科書で扱った文法の知識があれば，実質的にどんな日本語の文章でも，辞書を片手に読めるようになっているでしょう…》

「あらサーシャ。何してるの？」東洋語の講師室に入ってきたオリガがサーシャに訊ねます。

「文夫の教科書のまえがきを読んでるんだ」とサーシャ。「このまえ文夫にね，ぼくたちが次の学期に文夫の書いた新しい教科書を使って日本語を教えるんだって伝えたら，その返事に写真を送ってくれてね，ターニャといっしょに写ってるよ」

そのころペテルブルグに移って間もない美紀は自宅で休んでいました。

「雪なんか解けちゃえばいいのに」美紀はカレンダーを眺めながら思います。「そとが早く暖かくなるといいな」

窓のむこうはまだ肌寒いものの，日差しは明るく，新学期の始まった学生たちが笑いながら通りを行く声が聞こえてきます。

第 20 課

20.1 受動形動詞過去

受動形動詞過去は「…された（〜）」を表し，完了体他動詞からつくられます。長語尾形と短語尾形があり，長語尾形は名詞を修飾します。受動形動詞のつくりかたは，動詞の種類に応じて次の 3 つのいずれかになります。

(1) -ать, -ять, -еть で終わる動詞は不定形語幹に **-нный** を加えます。

    прочитáть → прочи́танный 読まれた
    написáть → напи́санный 書かれた
    уви́деть → уви́денный 見つかった

 ★不定形で最終音節にアクセントのあるものは 1 つ前の音節にアクセントが移ります。

(2) -ить で終わる第 2 変化動詞は現在単数 1 人称の語幹に，現在語幹が子音で終わるその他の動詞は現在語幹に，それぞれ **-енный** を加えます。

    ограни́чить（ограничу́, ограни́чишь…） → ограни́ченный 制限された
    пригласи́ть（приглашу́, пригласи́шь…） → приглашённый 招待された
    перевести́（переведу́, переведёшь） → переведённый 移された；訳された

 ★アクセントは現在単数 2 人称とおなじです。アクセントが最終音節にあるものは -ённый となります。
 ★(1) (2) の短語尾形は -н- がひとつだけになります：прочи́танный → прочи́тан, -тана, -тано, -таны.
  (2) のうち，末尾が -ённый となるものの短語尾形はつねに最終音節にアクセントをもちます：
  приглашённый → приглашён, -шена́, -шено́, -шены́.

(3) その他，一部の動詞では不定形語幹に **-тый** がつきます。

    забы́ть → забы́тый 忘れられた
    откры́ть → откры́тый 開かれた
    снять → сня́тый 取られた；撮られた

 ★短語尾女性形でアクセントが語尾に移るものがあります：снят, снята́, сня́то, сня́ты

20.2 受動相

受動形動詞過去の短語尾形は受け身構文（…は…された）の述語となります。

 Э́тот уче́бник **напи́сан** для начина́ющих. この教科書は初心者のために書かれています。

この型の受け身構文で行為者を示す場合は造格（**11.1**）を用います。

 Э́та фотогра́фия **снята́** мной в Москве́. この写真はモスクワで私に撮られた（私が撮った）。

20.3 能動形動詞過去

能動形動詞過去は「…した（〜）／…していた（〜）」を表します。完了体および不完了体の動詞の過去男性形から -л をはずし，**-вш-** を加えた形に形容詞の性・数・格変化語尾を加えてつくります。Ся 動詞（**7.1**）では -вший の直後に ся をつけますが，例外的に母音の直後でも -ся は -сь になりません。
 動詞の過去男性形が -л ではなく子音で終わる場合は，その直後に **-ш-** を加え，その後に形容詞の語尾をつけます：нести́（過・男 нёс）→ нёсший「携えていた（…）」。идти́（過・男 шёл）は例外的に ше́дший「歩いていた（…）」となります。

чита́ть（чита́л）	→	чита́вший	「読んでいた（…）」
прочита́ть（прочита́л）	→	прочита́вший	「読みおえた（…）」
говори́ть（говори́л）	→	говори́вший	「話していた（…）」
учи́ться（учи́лся）	→	учи́вшийся	「学んでいた（…）」

студе́нты, нача́вшие но́вый семе́стр＝студе́нты, кото́рые на́чали но́вый семе́стр

20.4　間接命令法

間接命令法とは，第３者がある行為を行うように願う話し手の意志や願望（…が…するといい；…に…してもらいたい）や第３者に対する意向（…させましょう）を伝える構文で，助詞 пусть（口語 пуска́й）と，不完了体の現在形または完了体未来の３人称（単・複）を組みあわせます。

　Пусть раста́ет снег!　雪が溶けるといいな。
　Пусть говоря́т.　言わせておきましょう。

20.5　定代名詞 сам

定代名詞 сам は名詞や代名詞を強調して，「…が自分で」や「…本人」を表し，関係する名詞・代名詞の性と数に応じて次のように変化します：сам（男），сама́（女），само́（中），са́ми（複）（⇒表 **1.6**）。

　Сам Са́ша никогда́ не́ был в Ту́рции.　サーシャ自身はいちどもトルコに行ったことがない。
　Они́ всё сде́лают **са́ми**.　彼らはぜんぶ自分でやります。
　Я ви́дел его́ **самого́**.　私は彼本人に会った。（самого́ 男・対）

★代名詞とともに使われる場合は代名詞より後に位置し，名詞とともに使われる場合は名詞に先行する傾向があります。Я ви́дел самого́ режиссёра. 私は監督本人に会った。

20.6　特殊変化：**ять** 動詞

смея́ться（笑う）は第１変化（**2.2**）に属しますが，不定形語幹の -я を除いた部分が現在語幹になります。наде́яться（願う）もおなじ変化ですが，アクセントが語幹にあるため，語尾にёではなくеが現れます（наде́юсь, наде́ешься...）。

смея́ться[(1)]			
я	сме-ю́сь	мы	сме-ёмся
ты	сме-ёшься	вы	сме-ётесь
он/она́	сме-ётся	они́	сме-ю́тся

語法メモ（6）**新しい呼格**　たとえば，Ю́ра に対して«Юр!»，О́ля に対して«Оль!»などと，親しい間柄のロシア人どうしが聞き慣れない呼び方で呼びあうのを耳にします。これは相手に呼びかけるための特別な形で，一部の -а/-я に終わる名・愛称の複数生格の形に相当します。古期のロシア語にも呼びかけに使う「呼格」という格があり，現代ロシア語に感嘆詞として残る Бо́же「神よ」（＜Бог「神」；発音 Бо[х]）や，Го́споди「主よ」（＜Госпо́дь「主」）はそのなごりですが，これとは無関係に，現在は上のようないわば「新しい呼格」が広く使われています。

Упражнения 19

1 時刻に関する以下の表現をロシア語に訳しましょう。шесть (6) と двенáдцать (12) の生格はそれぞれ шестú, двенáдцати で，与格もおなじ形です。
1) 1時から3時まで　2) 6時から10時まで　3) 10時から12時まで　4) 4時までに　5) 12時10分前に　6) 3時以降に（пóсле＋生）

2 次の表現をおおよその概数で表しましょう。
1) три часá　2) пять дней　3) в семь часóв　4) дéсять минýт назáд　5) чéрез две недéли

3 カッコ内の姓を適切な形にしましょう。
1) Я всю ночь читáл (Достоéвский).　私は徹夜してドストエフスキーを読んでいました。
2) Мне нáдо позвонúть (госпожá Ефúмова).　私はエフィーモワさんに電話する必要がある。
3) Нас пригласúли в гóсти к (Пáнины).　私たちはパーニン家にお客に招かれました。
4) Мои родúтели живýт рядом с (Никúтины).　私の両親はニキーチン一家の隣に住んでいます。
♠ ночь [女] 夜（午前0〜5時），госпожá〔女性に対して〕…さん

4 次の文を訳しましょう。
1) Я купúл ту же сáмую кáрту, что и онá.
2) У неё такáя же кáрта, что и у меня.
3) Это былá совсéм не та машúна, котóрую мы хотéли.
4) У меня совсéм другóе впечатлéние, чем у вас.
5) Онá так изменúлась, что я не срáзу узнáл её.
6) Эта проблéма слúшком сложнá, чтóбы решúть её за нéсколько дней.
7) Запóмнить срáзу все нóвые словá бы́ло не так легкó, как я рáньше дýмал.
8) Ивáн был слúшком стар, чтóбы занимáться спóртом.
♠ кáрта 地図，другóй, чем... …とは異なる，измениться[2]*【完】変わる，узнáть[1]【完】見分ける，решúть[2]【完】解決する；決める，за（＋対）〔完了体動詞とともに［完遂に要する時間］を表す〕，стар 短・男＜стáрый 年をとった

5 次の文を訳しましょう。
1) Онá лежáла в той же больнúце, что и я.
2) Обы́чно я ложýсь спать в 11 часóв, но вчерá так устáл, что лёг в дéвять.
3) Обы́чно онá садúтся в автóбус, но сегóдня онá сéла в таксú и поéхала на вокзáл.
4) Сóлнце встаёт на востóке и садúтся на зáпаде.
♠ больнúца 病院，спать[(2)]【不完】眠る，устáть【完】疲れる，лёг 過・男＜лечь【完】横になる，вокзáл 駅 [на...]，сóлнце 太陽（発音 сó[н]це）

Упражнения 20

1 次の完了体動詞から受動形動詞過去（…された）の長語尾男性形をつくりましょう。
1) сде́лать¹ 2) зако́нчить² 3) заказа́ть 4) закры́ть 5) определи́ть²
♠ закры́ть 〚完〛閉じる．определи́ть² 〚完〛定める

2 次の文を訳しましょう。
1) Мне понра́вилась кни́га, напи́санная э́тим молоды́м писа́телем.
2) Вчера́ я смотре́ла о́чень интере́сную переда́чу « Наро́ды ми́ра », сде́ланную изве́стным журнали́стом.
3) Я чита́ла все его́ рома́ны, переведённые на япо́нский язы́к.
4) Я слы́шал, что его́ рома́н уже́ переведён на пять языко́в.
5) С 8-го (восьмо́го) по 15-е (пятна́дцатое) октября́ восто́чный вы́ход со ста́нции «Аэропо́рт» бу́дет закры́т.
6) Вчера́ ве́чером в кафе́, где мы с подру́гой ча́сто быва́ем, все места́ бы́ли за́няты.
♠ наро́д 民族；民衆．рома́н 長編小説．по (＋対)〔期日・規定時〕…まで．вы́ход 出口．ста́нция 駅 [на…]．быва́ть¹ 〚不完〛よくいく；よくある．за́няты 受動形動詞・短・複＜заня́ть 〚完〛占める；占有する

3 例にならって関係代名詞 кото́рый を使って言い換えましょう。
例） Студе́нт, мечта́вший стать актёром, стал преподава́телем ру́сского языка́.
→ Студе́нт, кото́рый мечта́л стать актёром, стал преподава́телем ру́сского языка́.
1) Мы встре́тили тури́стов, прие́хавших из Росси́и.
2) Холоди́льник, давно́ стоя́вший у нас на ку́хне, наконе́ц слома́лся.
3) К ма́льчику, сиде́вшему передо мно́й, подошла́ же́нщина.
4) Мой брат познако́мился с де́вушкой, то́лько что верну́вшейся из Москвы́.
5) Москва́, явля́ющаяся столи́цей Росси́и, ме́ньше по пло́щади, чем Санкт-Петербу́рг.
♠ наконе́ц ついに；とうとう．слома́ться¹ 〚完〛壊れる．передо＜перед 〔前置詞〕(＋造)…の前に．же́нщина 女性；女の人．явля́ться¹ 〚不完〛(＋造)…である．столи́ца 首都．пло́щадь [女] 広場；面積

4 カッコ内の сам を適当な形にして，文を訳しましょう。
1) То, что мы услы́шали от (сам) актри́сы, си́льно отлича́лось от того́, что про неё пи́шут в журна́лах.
2) Она́ рассказа́ла, как одна́жды говори́ла с (сам) Бро́дским, одни́м из са́мых вели́ких поэ́тов двадца́того ве́ка.
♠ услы́шать² 〚完〛耳にする；聞いて知る．актри́са (女性)俳優．си́льно 強く；はなはだしく．отлича́ться¹ 〚不完〛(от＋生)…とは異なる．одна́жды あるとき；かつて．Бро́дский ブロツキー(姓)．вели́кий 偉大な．поэ́т 詩人．двадца́тый 20 番目の (発音 два[цц]а́тый)．век 世紀

文法表

- この文法表では本書に現れる単語を扱います。
- 以下の代名詞・形容詞・数詞の変化表における 主｜生 は，「不活動体名詞に関わるときは主格と同一，活動体に関わるときは生格と同一」であることを示します。

0　個別の発音
0.1　通則
0.2　単語ごとの発音

1　代名詞
1.1　人称代名詞
1.2　疑問代名詞 кто（誰），что（何）と再帰代名詞 себя
1.3　指示代名詞 э́тот（この），тот（あの）
1.4　所有代名詞 мой（私の），наш（私たちの），чей（誰の）
1.5　定代名詞 весь（すべての）
1.6　定代名詞 сам（自身）

2　名詞
2.1　男性名詞
2.2　中性名詞
2.3　女性名詞
2.4　不規則名詞
2.5　複数生格のまとめ
2.6　前置詞 на によって場所を表す名詞（例）

3　形容詞
3.1　変化の型
3.2　形容詞と名詞の変化
3.3　所有形容詞

4　数詞
4.1　数詞一覧
4.2　個数詞の変化
4.3　数詞と名詞の変化

5　動詞
5.1　動詞の変化
5.2　現在人称変化
5.3　不規則な語幹をもつ第 1 変化動詞
5.4　不規則動詞

*　　*　　*　　*　　*

0　個別の発音

0.1　通則

a. 代名詞や形容詞の（単数男性または中性の）生格語尾（**6.1**）に現れる -го の г は [в] と発音します：кого́（＜кто 誰），чего́（＜что 何），моего́（＜мой 私の），его́ 彼の，э́того（＜э́тот この…），одного́（＜оди́н ひとつの…），но́вого（＜но́вый 新しい）等

b. СЯ 動詞（**7.1**）の不定形および 3 人称の語尾に現れる -ться と -тся はいずれも [цца] と発音します：учи́ться 学ぶ（不定形），у́чится（現在単数 3 人称），у́чатся（同複数）

c. その他

表記	発音	例
вств	[ств]	чу́вствовать 感じる，здра́вствуйте こんにちは

гк	[хк]	лёгкий 軽い；容易な, легко́ 軽く；容易だ
дс	[ц]	городско́й 都会の
дц	[цц]	два́дцать 20, три́дцать 30
жч	[щ]	мужчи́на 男性
здн	[зн]	по́здно 遅く, пра́здник 祝日
зж	[жж]	е́зжу（乗って）いく, уезжа́ть（乗って）去る
сс	[с]	Росси́я ロシア, иску́сство 技術，芸術
стн	[сн]	че́стно 正直に, изве́стный 有名な
сч	[щ]	счита́ть みなす
тс	[ц]	де́тский 子供の
тц	[цц]	отца́ 父（単・生）

0.2 単語ごとの発音

a. аппети́т（食欲）の пп は [п] と発音します。
b. грамма́тика（文法）の мм は [м] と発音します。
c. интервью́（インタビュー）, интерне́т（インターネット）, кафе́（カフェ）, мейл（メール）の е は [э] と発音します。
d. ка́сса（レジ）の сс は [сс] と発音します。
e. коне́чно（もちろん）, ску́чный（退屈な）, что（何）, что́бы（…するように）の ч は [ш] と発音します。
f. пожа́луйста（どうぞ）の уй は発音しません。
g. ра́дио（ラジオ）, То́кио（東京）の無アクセントの о は [о] のままで発音します。
h. сего́дня（今日）の г は [в] と発音します。
i. со́лнце（太陽）の л は発音しません。
j. 数詞の 500, 600, 700, 800 の発音はそれぞれ次のようになります：пятьсо́т（500）は пя[цц]о́т, шестьсо́т（600）は ше[сс]о́т, семьсо́т（700）は се[м]со́т, восемьсо́т（800）は восе[м]со́т

1 代名詞

1.1 人称代名詞

	人称		主	生	与	対	造	前
単	1		я	меня́	мне	меня́	мной[1)	обо мне́
	2		ты	тебя́	тебе́	тебя́	тобо́й[2)	о тебе́
	3	男	он	его́	ему́	его́	им	о нём
		中	оно́					
		女	она́	её	ей	её	ей[3)	о ней

複	1	мы	нас	нам	нас	на́ми	о нас
	2	вы	вас	вам	вас	ва́ми	о вас
	3	они́	их	им	их	и́ми	о них

1) または мно́ю
2) または тобо́ю
3) または е́ю

★3人称の人称代名詞が前置詞とともに用いられる場合は語頭に н- が添えられます：к нему́, с ней 等。

1.2 疑問代名詞 кто（誰），что（何）と再帰代名詞 себя́

主	生	与	対	造	前
кто	кого́	кому́	кого́	кем	о ком
что	чего́	чему́	что	чем	о чём
—	себя́	себе́	себя́	собо́й[1]	о себе́

1) または собо́ю

★否定代名詞の никого́/ничего́ および не́кого/не́чего は，それぞれ кто, что とおなじ変化です。

1.3 指示代名詞 э́тот（この），тот（あの）

	主	生	与	対	造	前
男	э́тот	э́того	э́тому	主|生	э́тим	об э́том
中	э́то			э́то		
女	э́та	э́той	э́той	э́ту	э́той	об э́той
複	э́ти	э́тих	э́тим	主|生	э́тими	об э́тих

	主	生	与	対	造	前
男	тот	того́	тому́	主|生	тем	о том
中	то			то		
女	та	той	той	ту	той	о той
複	те	тех	тем	主|生	те́ми	о тех

1.4 所有代名詞 мой（私の），наш（私たちの），чей（誰の）

	主	生	与	対	造	前
男	мой	моего́	моему́	主|生	мои́м	о моём
中	моё			моё		
女	моя́	мое́й	мое́й	мою́	мое́й	о мое́й
複	мои́	мои́х	мои́м	主|生	мои́ми	о мои́х

★твой, свой もおなじ変化です。

	主	生	与	対	造	前
男	наш	нашего	нашему	主｜生	нашим	о нашем
中	наше			наше		
女	наша	нашей	нашей	нашу	нашей	о нашей
複	наши	наших	нашим	主｜生	нашими	о наших

★ваш もおなじ変化です。

	主	生	与	対	造	前
男	чей	чьего	чьему	主｜生	чьим	о чьём
中	чьё			чьё		
女	чья	чьей	чьей	чью	чьей	о чьей
複	чьи	чьих	чьим	主｜生	чьими	о чьих

1.5　定代名詞 весь（すべての）

	主	生	与	対	造	前
男	весь	всего	всему	主｜生	всем	обо всём
中	всё			всё		
女	вся	всей	всей	всю	всей	обо всей
複	все	всех	всем	主｜生	всеми	обо всех

1.6　定代名詞 сам（自身）

	主	生	与	対	造	前
男	сам	самого	самому	主｜生	самим	о самом
中	само			само		
女	сама	самой	самой	саму	самой	о самой
複	сами	самих	самим	主｜生	самими	о самих

2　名詞

注意　表の中でハイフン（-）だけが記されている場合は，主格の｜の後に何もつけないことを意味します。主格に｜がないときは，主格とおなじであることを意味します。

共通の原則　複数形ではつねに，与格は -ам(-ям)，造格は -ами(-ями)，前置格は -ах(-ях) です。

〔基本形〕
男性名詞：журна́л 雑誌

	主	生	与	対	造	前
単	журна́л	-а	-у	-	-ом	-е
複	журна́л|ы	-ов	-ам	-ы	-ами	-ах

中性名詞：сло́во 単語

	主	生	与	対	造	前
単	сло́в|о	-а	-у	-о	-ом	-е
複	слов|а́	-	-а́м	-а́	-а́ми	-а́х

女性名詞：рабо́та 仕事

	主	生	与	対	造	前
単	рабо́т|а	-ы	-е	-у	-ой	-е
複	рабо́т|ы	-	-ам	-ы	-ами	-ах

2.1 男性名詞

a. 硬子音で終わる不活動体：журна́л 雑誌

	主	生	与	対	造	前
単	журна́л	-а	-у	-	-ом[2]	-е
複	журна́л|ы[1]	-ов[2]	-ам	-ы	-ами	-ах

1) 末尾が -г, -к, -х の場合，複数主格の語尾は正書法の規則（**0.16**）により -и となります：уро́к レッスン ＞уро́ки 複・主
2) 末尾が ц で終わり，語幹にアクセントのあるものは，単・造および複・生がそれぞれ -ем, -ев になります：ме́сяц 月＞ме́сяцем 単・造，ме́сяцев 複・生

b. 硬子音で終わる活動体：студе́нт 学生

	主	生	与	対	造	前
単	студе́нт	-а	-у	**-а**	-ом	-е
複	студе́нт|ы[1]	-ов	-ам	**-ов**	-ами	-ах

1) 末尾が -г, -к, -х の場合，複数主格の語尾は正書法の規則（**0.16**）により -и となります：учени́к 生徒＞ученики́

c. ж, ч, ш, щ で終わる不活動体：каранда́ш エンピツ

	主	生	与	対	造	前
単	каранда́ш	-а́	-у́	-	-о́м	-е́
複	карандаш|и́	**-е́й**	-а́м	**-и́**	-а́ми	-а́х

d. ж, ч, ш, щ で終わる活動体：врач 医者

	主	生	与	対	造	前
単	врач	-á	-ý	**-á**	-óм[1)]	-é
複	врач|и́	**-éй**	-áм	**-éй**	-áми	-áх

1) アクセントが語幹にあるものは単数造格の語尾は -ем となります。му́жем 単・造＜муж 夫

e. -й で終わる不活動体：музе́й 博物館

	主	生	与	対	造	前
単	музе́|й	-я	-ю	-й	-ем	-е
複	музе́|и	**-ев**	-ям	-и	-ями	-ях

f. -ь で終わる不活動体：слова́рь 辞書

	主	生	与	対	造	前
単	слова́р|ь	-я́	-ю́	-ь	-ём	-é
複	словар|и́	**-éй**	-я́м	-и́	-я́ми	-я́х

g. -ь で終わる活動体：писа́тель 作家

	主	生	与	対	造	前
単	писа́тел|ь	-я	-ю	**-я**	-ем	-е
複	писа́тел|и	**-ей**	-ям	**-ей**	-ями	-ях

2.2 中性名詞

a. -о で終わるもの：сло́во 単語

	主	生	与	対	造	前
単	сло́в|о	-а	-у	-о	-ом	-е
複	слов|á	-	-áм	-á	-áми	-áх

b. -о で終わる出没母音型：окно́ 窓

	主	生	与	対	造	前
単	окн|о́	-á	-ý	-ó	-óм	-é
複	о́кн|а	**о́кон**[1)]	-ам	-а	-ами	-ах

1) письмо́（手紙）のように語幹に軟音記号を含むものは複数生格で ь が е に変わります：пи́сем

c. -е で終わるもの：мо́ре 海

	主	生	与	対	造	前
単	мо́р|е	-я	-ю	-е	-ем	-е
複	мор|я́	**-éй**	-я́м	-я́	-я́ми	-я́х

d. -ие で終わるもの：зада́ние 課題

	主	生	与	対	造	前
単	зада́ни|е	-я	-ю	-е	-ем	**-и**
複	зада́ни|я	**-й**	-ям	-я	-ями	-ях

e. -мя で終わるもの：вре́мя 時間

	主	生	与	対	造	前
単	вре́м|я	-ени	-ени	-я	-енем	-ени
複	времен|а́	**времён**	-а́м	-а́	-а́ми	-а́х

2.3 女性名詞

a. -а で終わる不活動体：рабо́та 仕事

	主	生	与	対	造	前
単	рабо́т|а	-ы	-е	-у	-ой[1]	-е
複	рабо́т|ы[2]	-	-ам	-ы	-ами	-ах

1) 語幹末の子音が -ц の場合，単数造格の語尾は -ей となります：ра́зница 差異；違い＞ра́зницей 単・造
2) 語幹末の子音が -г, -к, -х の場合，複数主格の語尾は正書法の規則（**0.16**）により -и となります：кни́га 本＞кни́ги 複・主

b. -а で終わる活動体：же́нщина 女性

	主	生	与	対	造	前
単	же́нщин|а	-ы	-е	-у	-ой	-е
複	же́нщин|ы[1]	-	-ам	-	-ами	-ах

1) 語幹末の子音が -г, -к, -х の場合，複数主格の語尾は正書法の規則（**0.16**）により -и となります：студе́нтка 女子学生 → студе́нтки

c. 語幹末子音が ж, ч, ш, щ のもの：да́ча ダーチャ

	主	生	与	対	造	前
単	да́ч|а	**-и**	-е	-у	**-ей**[1]	-е
複	да́ч|и	-	-ам	-и	-ами	-ах

1) アクセントが語尾にあるものは単数造格の語尾は -о́й となります。душо́й 単・造＜душа́ 心

d. -я で終わるもの：неде́ля 週

	主	生	与	対	造	前
単	неде́л|я	-и	-е	-ю	-ей	-е
複	неде́л|и	**-ь**	-ям	-и	-ями	-ях

e. -ия で終わるもの: фами́лия 姓

	主	生	与	対	造	前
単	фами́ли|я	-и	-и	-ю	-ей	**-и**
複	фами́ли|и	**-й**	-ям	-и	-ями	-ях

f. -ья で終わるもの: семья́ 家族

	主	生	与	対	造	前
単	семь|я́	-и́	-е́	-ю́	-ёй	-е́
複	сéмь|и	**семе́й**	-ям	-и	-ями	-ях

g. -ь で終わるもの: тетра́дь ノート

	主	生	与	対	造	前
単	тетра́д|ь	-и	-и	-ь	**-ью**	**-и**
複	тетра́д|и	**-ей**	-ям[1]	-и	-ями[1]	-ях[1]

1) 語幹末の子音が ж, ч, ш, щ のものは，正書法の規則 (**0.16**) により，複数の与格，造格，前置格がそれぞれ -ам, -ами, -ах となります: веща́м 複・与，веща́ми 複・造，о веща́х 複・前＜вещь モノ

★ любо́вь（愛）は，生 любви́，与 любви́，対 любо́вь，造 любо́вью，前 любви́ となり，複数はありません。

2.4 不規則名詞

a. 男性名詞

1. 複数形で語幹の変化する男性名詞

брат 兄・弟

	主	生	与	対	造	前
単	брат	-а	-у	-а	-ом	-е
複	бра́ть|я	-ев	-ям	-ев	-ями	-ях

друг 友人

	主	生	与	対	造	前
単	друг	-а	-у	-а	-ом	-е
複	друз|ья́	-е́й	-ья́м	-е́й	-ья́ми	-ья́х

муж 夫

	主	生	与	対	造	前
単	муж	-а	-у	-а	-ем	-е
複	муж|ья́	-е́й	-ья́м	-е́й	-ья́ми	-ья́х

сын 息子

	主	生	与	対	造	前
単	сын	-а	-у	-а	-ом	-е
複	сынов|ья́	-е́й	-ья́м	-е́й	-ья́ми	-ья́х

2. -а(-я)で終わる複数形をもつ男性名詞の例

＊1に挙げたものを除く。

単数	複数
а́дрес 住所	адреса́
ве́чер 晩	вечера́
глаз 眼	глаза́
го́лос 声	голоса́
го́род 町	города́
дом 家	дома́
до́ктор 医師	доктора́
лес 森	леса́
по́езд 列車	поезда́
учи́тель 教師	учителя́
цвет 色	цвета́

b. 中性名詞

де́рево 木

	主	生	与	対	造	前
単	де́рев|о	-а	-у	-о	-ом	-е
複	дере́вья|я	-ев	-ям	-я	-ями	-ях

c. 女性名詞

мать 母

	主	生	与	対	造	前
単	мат|ь	-ери	-ери	-ь	-ерью	-ери
複	ма́тер|и	-е́й	-я́м	-е́й	-я́ми	-я́х

дочь 娘

	主	生	与	対	造	前
単	доч|ь	-ери	-ери	-ь	-ерью	-ери
複	до́чер|и	-е́й	-я́м	-е́й	-ьми́[1]	-я́х

1) または дочеря́ми

d. 単数形と異なる複数形語幹をもつ名詞

лю́ди 人々（単 челове́к）

主	生	与	対	造	前
лю́д|и	-е́й	-ям	-е́й	-ьми́	-ях

де́ти 子供たち（単 ребёнок）

主	生	与	対	造	前
де́т|и	-е́й	-ям	-е́й	-ьми́	-ях

2.5 複数生格のまとめ

単数主格の語末	複数生格語尾	例
-子音（男） *-ж, -ч, -ш, -щ を除く	-子音＋ов	журна́л → журна́лов, студе́нт → студе́нтов
-й（男）	-ев	музе́й → музе́ев
-ж, -ч, -ш, -щ（男）	＋ей	муж → муже́й, врач → враче́й, каранда́ш → карандаше́й
-ь（男・女）	-ей	слова́рь → словаре́й, тетра́дь → тетра́дей
-е（中）		мо́ре → море́й
-ья（女）		семья́ → семе́й
-о（中）	-	сло́во → слов, окно́ → о́кон
-а（女）		рабо́та → рабо́т
-я（女）	-ь	неде́ля → неде́ль, дере́вня → дереве́нь
-ие（中）	-ий	зада́ние → зада́ний
-ия（女）		аудито́рия → аудито́рий
-мя（中）	-мён	вре́мя → времён

2.6 前置詞 на によって場所（〜で）を表す名詞（例）

一部の建物	вокза́л 駅, заво́д 工場, по́чта 郵便局
方位, 地方, 一部の地名	восто́к 東, за́пад 西, се́вер 北, юг 南, Ура́л ウラル地方, Хокка́йдо 北海道
催し, 活動の場	ве́чер パーティー, рабо́та 職場, конце́рт コンサート, уро́к レッスン, экску́рсия 遠足, ры́нок 市場
その他	ку́хня キッチン, у́лица 通り；町

3 形容詞

3.1 変化の型

a. 硬変化A　но́вый「新しい」

	主	生	与	対	造	前
男	но́в|ый	-ого	-ому	主 | 生	-ым	-ом
中	но́в|ое			-ое		
女	но́в|ая	-ой	-ой	-ую	-ой	-ой
複	но́в|ые	-ых	-ым	主 | 生	-ыми	-ых

b. 硬変化B　молодо́й「若い」

	主	生	与	対	造	前
男	молод|о́й	-о́го	-о́му	主 | 生	-ы́м	-о́м
中	молод|о́е			-о́е		
女	молод|а́я	-о́й	-о́й	-у́ю	-о́й	-о́й
複	молод|ы́е	-ы́х	-ы́м	主 | 生	-ы́ми	-ы́х

c. 軟変化　си́ний「青い」

	主	生	与	対	造	前
男	си́н|ий	-его	-ему	主 | 生	-им	-ем
中	си́н|ее			-ее		
女	си́н|яя	-ей	-ей	-юю	-ей	-ей
複	си́н|ие	-их	-им	主 | 生	-ими	-их

d. 混合変化I　ру́сский「ロシアの」（語幹末の子音が г, к, х のもの）

	主	生	与	対	造	前
男	ру́сск|ий	-ого	-ому	主 | 生	-им	-ом
中	ру́сск|ое			-ое		
女	ру́сск|ая	-ой	-ой	-ую	-ой	-ой
複	ру́сск|ие	-их	-им	主 | 生	-ими	-их

e. 混合変化II　хоро́ший「よい」（語幹末の子音が ж, ч, ш, щ のもの）

	主	生	与	対	造	前
男	хоро́ш|ий	-его	-ему	主 | 生	-им	-ем
中	хоро́ш|ее			-ее		
女	хоро́ш|ая	-ей	-ей	-ую	-ей	-ей
複	хоро́ш|ие	-их	-им	主 | 生	-ими	-их

f. 混合変化 III　большо́й「大きい」（語幹末の子音が г, к, х, ж, ч, ш で語尾にアクセントがあるもの）

	主	生	与	対	造	前
男	больш|о́й	-о́го	-о́му	主｜生	-и́м	-о́м
中	больш|о́е			-о́е		
女	больш|а́я	-о́й	-о́й	-у́ю	-о́й	-о́й
複	больш|и́е	-и́х	-и́м	主｜生	-и́ми	-и́х

3.2　形容詞と名詞の変化

a. 形容詞と男性・中性名詞

		男性		男性・活動体		中性	
		新しい雑誌		新しい学生		新しい言葉	
単	主	но́вый	журна́л	но́вый	студе́нт	но́вое	сло́во
	生	но́вого	журна́ла	но́вого	студе́нта	но́вого	сло́ва
	与	но́вому	журна́лу	но́вому	студе́нту	но́вому	сло́ву
	対	но́вый	журна́л	но́вого	студе́нта	но́вое	сло́во
	造	но́вым	журна́лом	но́вым	студе́нтом	но́вым	сло́вом
	前	о но́вом	журна́ле	о но́вом	студе́нте	о но́вом	сло́ве
複	主	но́вые	журна́лы	но́вые	студе́нты	но́вые	слова́
	生	но́вых	журна́лов	но́вых	студе́нтов	но́вых	слов
	与	но́вым	журна́лам	но́вым	студе́нтам	но́вым	слова́м
	対	но́вые	журна́лы	но́вых	студе́нтов	но́вые	слова́
	造	но́выми	журна́лами	но́выми	студе́нтами	но́выми	слова́ми
	前	о но́вых	журна́лах	о но́вых	студе́нтах	о но́вых	слова́х

b. 形容詞と女性名詞

		女性		女性・活動体	
		新しい新聞		新しい女子学生	
単	主	но́вая	газе́та	но́вая	студе́нтка
	生	но́вой	газе́ты	но́вой	студе́нтки
	与	но́вой	газе́те	но́вой	студе́нтке
	対	но́вую	газе́ту	но́вую	студе́нтку
	造	но́вой	газе́той	но́вой	студе́нткой
	前	о но́вой	газе́те	о но́вой	студе́нтке
複	主	но́вые	газе́ты	но́вые	студе́нтки
	生	но́вых	газе́т	но́вых	студе́нток

与	но́вым	газе́там	но́вым	студе́нткам
対	но́вые	газе́ты	но́вых	студе́нток
造	но́выми	газе́тами	но́выми	студе́нтками
前	о но́вых	газе́тах	о но́вых	студе́нтках

3.3 所有形容詞

	主	生	与	対	造	前
男	Татья́нин	-ого	-ому	主｜生	-ым	-ом
中	Татья́нин|о			-о		
女	Татья́нин|а	-ой	-ой	-у	-ой	-ой
複	Татья́нин|ы	-ых	-ым	主｜生	-ыми	-ых

★ -а/-я に終わる固有名詞（Татья́н\|а など），親族名称（тёт\|я など）の語幹に -ин を加えたものを男性主格とします。

4 数詞

4.1 数詞一覧

	個数詞	順序数詞		個数詞	順序数詞
0	ноль, нуль	нулево́й	17	семна́дцать	семна́дцатый
1	оди́н, одна́, одно́, одни́	пе́рвый	18	восемна́дцать	восемна́дцатый
2	два, две	второ́й	19	девятна́дцать	девятна́дцатый
3	три	тре́тий, -ья, -ье, -ьи	20	два́дцать	двадца́тый
4	четы́ре	четвёртый	21	два́дцать оди́н, два́дцать одна́, два́дцать одно́, два́дцать одни́	два́дцать пе́рвый
5	пять	пя́тый			
6	шесть	шесто́й			
7	семь	седьмо́й			
8	во́семь	восьмо́й	22	два́дцать два, два́дцать две	два́дцать второ́й
9	де́вять	девя́тый			
10	де́сять	деся́тый	30	три́дцать	тридца́тый
11	оди́ннадцать	оди́ннадцатый	40	со́рок	сороково́й
12	двена́дцать	двена́дцатый	50	пятьдеся́т	пятидеся́тый
13	трина́дцать	трина́дцатый	60	шестьдеся́т	шестидеся́тый
14	четы́рнадцать	четы́рнадцатый	70	се́мьдесят	семидеся́тый
15	пятна́дцать	пятна́дцатый	80	во́семьдесят	восьмидеся́тый
16	шестна́дцать	шестна́дцатый	90	девяно́сто	девяно́стый

100	сто	со́тый	500	пятьсо́т*	пятисо́тый
101	сто оди́н, сто одна́, сто одно́, сто одни́	сто пе́рвый	600	шестьсо́т*	шестисо́тый
			700	семьсо́т*	семисо́тый
			800	восемьсо́т*	восьмисо́тый
200	две́сти	двухсо́тый	900	девятьсо́т	девятисо́тый
300	три́ста	трёхсо́тый	1000	ты́сяча	ты́сячный
400	четы́реста	четырёхсо́тый	2000	две ты́сячи	двухты́сячный

＊これらの数詞（500, 600, 700, 800）の発音については表 **0.2, j** を参照のこと。

4.2 個数詞の変化

a. оди́н（1），два（2），три（3），четы́ре（4）

	1				2		3	4
	男	中	女	複	男・中	女		
主	оди́н	одно́	одна́	одни́	два	две	три	четы́ре
生	одного́		одно́й	одни́х	двух		трёх	четырёх
与	одному́		одно́й	одни́м	двум		трём	четырём
対	主｜生	одно́	одну́	主｜生	主｜生		主｜生	主｜生
造	одни́м		одно́й	одни́ми	двумя́		тремя́	четырьмя́
前	об одно́м		об одно́й	об одни́х	о двух		о трёх	о четырёх

b. пять（5），во́семь（8），оди́ннадцать（11）

	5	8	11
主	пять	во́семь	оди́ннадцать
生	пяти́	восьми́	оди́ннадцати
与	пяти́	восьми́	оди́ннадцати
対	пять	во́семь	оди́ннадцать
造	пятью́	восьмью́	оди́ннадцатью
前	о пяти́	о восьми́	об оди́ннадцати

★ьに終わる数詞（5～20, 30）はьに終わる女性名詞（⇒ **2.3, g**）とおなじ語尾をとりますが，пять（5）～де́сять（10），два́дцать（20），три́дцать（30）ではアクセントが語尾に移ります。во́семь の語幹の交替（восем- ～ восьм-）に注意。

c. сóрок (40), девянóсто (90), сто (100)

	40	90	100
主	сóрок	девянóсто	сто
生	сорокá	девянóста	ста
与	сорокá	девянóста	ста
対	сóрок	девянóсто	сто
造	сорокá	девянóста	ста
前	о сорокá	о девянóста	о ста

d. пятьдеся́т (50) 〜 вóсемьдесят (80)

	50	80
主	пятьдеся́т	вóсемьдесят
生	пяти́десяти	восьми́десяти
与	пяти́десяти	восьми́десяти
対	пятьдеся́т	вóсемьдесят
造	пятью́десятью	восьмью́десятью
前	о пяти́десяти	о восьми́десяти

★50, 60, 70, 80 の変化は -десять (10) とそれに先立つ пять- (5), шесть- (6), семь- (7), восемь- (8) をそれぞれ変化させて組み合わせたものと等しくなります。

e. двéсти (200) 〜 пятьсóт (500), восемьсóт (800)

	200	300	400	500	800
主	двéсти	три́ста	четы́реста	пятьсóт	восемьсóт
生	двухсóт	трёхсóт	четырёхсóт	пятисóт	восьмисóт
与	двумстáм	трёмстáм	четырёмстáм	пятистáм	восьмистáм
対	двéсти	три́ста	четы́реста	пятьсóт	восемьсóт
造	двумястáми	тремястáми	четырьмястáми	пятьюстáми	восьмьюстáми[1]
前	о двухстáх	о трёхстáх	о четырёхстáх	о пятистáх	о восьмистáх

1) восемьюстáми という形もあります。

★200〜900 の変化は先立つ две (2) や восемь- (8) をそれぞれ変化させて組み合わせたものに 100 を表す要素 -сот, -стам... を組み合わせます。この 100 を表す要素の変化は сто の変化 (⇒ **4.2, c**) とは異なります。

f. ноль/нуль (0), ты́сяча (1000)

	0		1000	
	単	複	単	複
主	ноль/нуль	ноли́/нули́	ты́сяча	ты́сячи
生	ноля́/нуля́	нолéй/нулéй	ты́сячи	ты́сяч

与	нолю́/нулю́	ноля́м/нуля́м	ты́сяче	ты́сячам
対	ноль/нуль	ноли́/нули́	ты́сячу	ты́сячи
造	нолём/нулём	ноля́ми/нуля́ми	ты́сячей[1]	ты́сячами
前	ноле́/нуле́	ноля́х/нуля́х	о ты́сяче	о ты́сячах

1) ты́сяча が「大量；多数」を表す名詞として使われるとき，単数造格は ты́сячью になることがあります。

★ноль（ゼロ）と結びつく名詞句は複数生格になります：ноль мину́т ゼロ分

4.3 数詞と名詞の変化

a. 単一個数詞（2 以上）と名詞の結合

1. два（2），три（3），четы́ре（4）との結合

	2 冊の雑誌〔不活動体〕		2 人の学生〔活動体〕	
主	два	журна́ла	два	студе́нта
生	двух	журна́лов	двух	студе́нтов
与	двум	журна́лам	двум	студе́нтам
対	два	журна́ла	**двух**	**студе́нтов**
造	двумя́	журна́лами	двумя́	студе́нтами
前	о двух	журна́лах	о двух	студе́нтах

★три, четы́ре と結合する場合の名詞の変化は上に準じます。

2. пять（5）以上と ты́сяча（1000）との結合

	5 冊の雑誌〔5 以上の型〕		1000 冊の雑誌〔1000 の型〕	
主	пять	журна́лов	ты́сяча	
生	пяти́	журна́лов	ты́сячи	
与	пяти́	журна́лам	ты́сяче	журна́лов
対	пять	журна́лов	ты́сячу	
造	пятью́	журна́лами	ты́сячей	
前	о пяти́	журна́лах	о ты́сяче	

★活動体と不活動体の区別はありません。

b. 合成個数詞と名詞の結合

	1122 冊の雑誌				
主	ты́сяча	сто	два́дцать	два	журна́ла
生	ты́сячи	ста	двадцати́	двух	журна́лов
与	ты́сяче	ста	двадцати́	двум	журна́лам
対	ты́сячу	сто	два́дцать	два	журна́ла
造	ты́сячей	ста	двадцатью́	двумя́	журна́лами

前	о тысяче	ста	двадцати	двух	журналах

★合成個数詞と名詞の結合では活動体・不活動体の区別がなく，тысяча（1000；対格 тысячу）を除いて，対格は主格とおなじです：「22人の学生」は主格＝対格 двадцать **два студента**（単一個数詞と名詞の結合「2人の学生」の対格 двух студентов と比較のこと）

	5000冊の雑誌		
主	пять	тысяч	
生	пяти	тысяч	
与	пяти	тысячам	журналов
対	пять	тысяч	
造	пятью	тысячами	
前	о пяти	тысячах	

c. 合成順序数詞の変化

	1991年			
主			первый	год
生			первого	года
与	тысяча девятьсот девяносто		первому	году
対			первый	год
造			первым	годом
前	в	первом	году	
	о			годе

	2012年			
主			двенадцатый	год
生			двенадцатого	года
与	две тысячи		двенадцатому	году
対			двенадцатый	год
造			двенадцатым	годом
前	в	двенадцатом	году	
	о			годе

★最後の順序数詞だけが性・数・格に応じて変化します：

девятнадцатое января две тысячи **девятого** года　2009年の1月19日

в тысяча девятьсот семьдесят **третьем** году　1973年に

5 動詞

5.1 動詞の変化

不定形			читáть	прочитáть	занимáться
現在形	単	1	читáю		занимáюсь
		2	читáешь		занимáешься
		3	читáет		занимáется
	複	1	читáем		занимáемся
		2	читáете		занимáетесь
		3	читáют		занимáются
過去形	単男		читáл	прочитáл	занимáлся
	単女		читáла	прочитáла	занимáлась
	単中		читáло	прочитáло	занимáлось
	複		читáли	прочитáли	занимáлись
未来形	単	1	бýду ⎫	прочитáю	бýду ⎫
		2	бýдешь ⎪	прочитáешь	бýдешь ⎪
		3	бýдет ⎬ читáть	прочитáет	бýдет ⎬ занимáться
	複	1	бýдем ⎪	прочитáем	бýдем ⎪
		2	бýдете ⎪	прочитáете	бýдете ⎪
		3	бýдут ⎭	прочитáют	бýдут ⎭
命令形	単		читáй	прочитáй	занимáйся
	複		читáйте	прочитáйте	занимáйтесь
能動形動詞	現		читáющий		занимáющийся
	過		читáвший	прочитáвший	занимáвшийся
受動形動詞	現		читáемый		
	過	長	чи́танный	прочи́танный	
		短 単男	чи́тан	прочи́тан	
		短 単女	чи́тана	прочи́тана	
		短 単中	чи́тано	прочи́тано	
		短 複	чи́таны	прочи́таны	
副動詞			читáя	прочитáв	занимáясь

5.2 現在人称変化

a. 第 1 変化

	基本型	特殊変化			
		овать 動詞	авать 動詞	нуть 動詞	ять 動詞
不定形	читáть	рисовáть	встaвáть	отдохнýть	смеяться
単 1	читáю	рисýю	встаю́	отдохнý	смею́сь
2	читáешь	рисýешь	встаёшь	отдохнёшь	смеёшься
3	читáет	рисýет	встаёт	отдохнёт	смеётся
複 1	читáем	рисýем	встаём	отдохнём	смеёмся
2	читáете	рисýете	встаёте	отдохнёте	смеётесь
3	читáют	рисýют	встают́	отдохнýт	смею́тся

b. 第 2 変化

	基本型		特殊変化			
			唇音変化		歯音変化	
	基本型	力点移動	基本型	力点移動	基本型	力点移動
不定形	говори́ть	смотрéть	готóвить	люби́ть	отвéтить	ходи́ть
単 1	говорю́	смотрю́	готóвлю	люблю́	отвéчу	хожý
2	говори́шь	смóтришь	готóвишь	лю́бишь	отвéтишь	хóдишь
3	говори́т	смóтрит	готóвит	лю́бит	отвéтит	хóдит
複 1	говори́м	смóтрим	готóвим	лю́бим	отвéтим	хóдим
2	говори́те	смóтрите	готóвите	лю́бите	отвéтите	хóдите
3	говоря́т	смóтрят	готóвят	лю́бят	отвéтят	хóдят

c. 歯音変化のまとめ

語幹末	例	
д ～ ж	сидéть 座っている	сижý, сиди́шь... сидя́т
з ～ ж	вози́ть 運ぶ	вожý, вóзишь... вóзят
с ～ ш	спроси́ть たずねる	спрошý, спрóсишь... спрóсят
ст ～ щ	прости́ть 許す	прощý, прости́шь... простя́т
т ～ ч	отвéтить 答える	отвéчу, отвéтишь... отвéтят

5.3 不規則な語幹を持つ第1変化動詞

a. -й または -éхать に終わる定動詞

※次の動詞に接頭辞が付いても変化の型は変わりません。

	不定形	現在（単数1人称，2人称…複数3人称）	過去形（単数男性，女性）	命令法
1	везти́	везу́, везёшь… везу́т	вёз, везла́	вези́(те)
2	вести́	веду́, ведёшь… веду́т	вёл, вела́	веди́(те)
3	е́хать	е́ду, е́дешь… е́дут	е́хал, е́хала	поезжа́й(те)
4	идти́	иду́, идёшь… иду́т	шёл, шла	иди́(те)
5	нести́	несу, несёшь… несу́т	нёс, несла́	неси́(те)

b. その他

	不定形	現在（単数1人称，2人称…複数3人称）	過去形（単数男性，女性）	命令法
1	быть	（未来）бу́ду, бу́дешь… бу́дут	был, была́, бы́ло	бу́дь(те)
2	брать	беру́, берёшь… беру́т	брал, брала́, бра́ло	бери́(те)
3	взять	возьму́, возьмёшь… возьму́т	взял, взяла́, взя́ло	возьми́(те)
4	встать	вста́ну, вста́нешь… вста́нут	встал, вста́ла	встань(те)
5	вы́брать	вы́беру, вы́берешь… вы́берут	вы́брал, вы́брала	вы́бери(те)
6	вы́писать	вы́пишу, вы́пишешь… вы́пишут	вы́писал, вы́писала	вы́пиши(те)
7	вы́пить	вы́пью, вы́пьешь… вы́пьют	вы́пил, вы́пила	вы́пей(те)
8	ждать	жду, ждёшь… ждут	ждал, ждала́, жда́ло	жди́(те)
9	жить	живу́, живёшь… живу́т	жил, жила́, жи́ло	живи́(те)
10	забы́ть	забу́ду, забу́дешь… забу́дут	забы́л, забы́ла	забу́дь(те)
11	заказа́ть	закажу́, зака́жешь… зака́жут	заказа́л, заказа́ла	закажи́(те)
12	закры́ть	закро́ю, закро́ешь… закро́ют	закры́л, закры́ла	закро́й(те)
13	заня́ть	займу́, займёшь… займу́т	за́нял, заняла́, за́няло	займи́(те)
14	захоте́ться	захо́чется（単3のみ）	захоте́лось（中のみ）	—
15	звать	зову́, зовёшь… зову́т	звал, звала́, зва́ло	зови́(те)
16	каза́ться	кажу́сь, ка́жешься… ка́жутся	каза́лся, каза́лась	кажи́сь, кажи́тесь
17	класть	кладу́, кладёшь… кладу́т	клал, кла́ла	клади́(те)
18	лечь	ля́гу, ля́жешь… ля́гут	лёг, легла́	ля́г(те)
19	мочь	могу́, мо́жешь… мо́гут	мог, могла́	—
20	найти́	найду́, найдёшь… найду́т	нашёл, нашла́	найди́(те)
21	нача́ть	начну́, начнёшь… начну́т	на́чал, начала́, на́чало	начни́(те)
22	нача́ться	начнётся（単3のみ）	начался́, начала́сь	начни́сь, начни́тесь
23	оста́ться	оста́нусь, оста́нешься… оста́нутся	оста́лся, оста́лась	оста́нься, оста́ньтесь
24	откры́ть	откро́ю, откро́ешь… откро́ют	откры́л, откры́ла	откро́й(те)

25	петь	пою́, поёшь... пою́т	пел, пе́ла	по́й(те)
26	писа́ть	пишу́, пи́шешь... пи́шут	писа́л, писа́ла	пиши́(те)
27	пить	пью, пьёшь... пьют	пил, пила́, пи́ло	пе́й(те)
28	подобра́ть	подберу́, подберёшь... подберу́т	подобра́л, подобрала́, подобра́ло	подбери́(те)
29	поиска́ть	поищу́, пои́щешь... пои́щут	поиска́л, поиска́ла	поищи́(те)
30	показа́ть	покажу́, пока́жешь... пока́жут	показа́л, показа́ла	покажи́(те)
31	помо́чь	помогу́, помо́жешь... помо́гут	помо́г, помогла́	помоги́(те)
32	поня́ть	пойму́, поймёшь... пойму́т	по́нял, поняла́, по́няло	пойми́(те)
33	прийти́сь	придётся (単3のみ)	пришло́сь (中のみ)	—
34	присла́ть	пришлю́, пришлёшь... пришлю́т	присла́л, присла́ла	пришли́(те)
35	рассказа́ть	расскажу́, расска́жешь... расска́жут	рассказа́л, рассказа́ла	расскажи́(те)
36	расти́	расту́, растёшь... расту́т	рос, росла́	расти́(те)
37	сесть	ся́ду, ся́дешь... ся́дут	сел, се́ла	ся́дь(те)
38	сказа́ть	скажу́, ска́жешь... ска́жут	сказа́л, сказа́ла	скажи́(те)
39	смочь	смогу́, смо́жешь... смо́гут	смог, смогла́	—
40	снять	сниму́, сни́мешь... сни́мут	снял, сняла́, сня́ло	сними́(те)
41	стать	ста́ну, ста́нешь... ста́нут	стал, ста́ла	ста́нь(те)
42	уста́ть	уста́ну, уста́нешь... уста́нут	уста́л, уста́ла	уста́нь(те)
43	хоте́ться	хо́чется (単3のみ)	хоте́лось (中のみ)	—

5.4 不規則動詞

	不定形	現在（単数1人称，2人称…複数3人称）	過去形（単数男性，女性）	命令法
1	бежа́ть	бегу́, бежи́шь, бежи́т; бежи́м, бежи́те, бегу́т	бежа́л, бежа́ла	беги́(те)
2	дать	дам, дашь, даст; дади́м, дади́те, даду́т	дал, дала́, да́ло	да́й(те)
3	есть	ем, ешь, ест; еди́м, еди́те, едя́т	ел, е́ла	е́шь(те)
4	хоте́ть	хочу́, хо́чешь, хо́чет; хоти́м, хоти́те, хотя́т	хоте́л, хоте́ла	пожела́й(те)

練習問題の解答

Упражнения 1

1 1) これは図書館です。 2) こちらはアンナで，こちらはニーナです。 3)「図書館はどこですか」「ここですよ」 4)「食堂はどこですか」「食堂は上の階です」 5)「トイレはどこですか。下の階ですか，それとも上の階ですか」「トイレはあそこです」 6)「これは砂糖ですか，それとも塩ですか」「それは砂糖です」
2 1) Это музей, а это аудитория. 2) Как тебя зовут? 3) Как вас зовут? 4) Меня зовут Нина Ивановна. 5) Очень приятно. 6) Как дела? 7) Спасибо, хорошо.

Упражнения 2

1 1) читаю 私は手紙を読んでいます。 2) изучаешь きみはロシア語を学んでいます。 3) понимаем 私たちはもうかなりよくロシア語がわかります。 4) знают 彼らはどこに食堂があるか知っています。 5) делаете あなた（たち）はここで何をしているのですか。 **2** 1) Я не студент. 私は学生ではありません。 2) Это не библиотека. これは図書館ではありません。 3) Он не понимает по-английски. 彼は英語がわかりません。 4) Мы не знаем, как вас зовут. 私たちはあなたの名前を知りません。 **3** 1) きみはトイレがどこにあるか知ってる？ 2)「あなたはこれが誰か，ご存じですか」「いいえ，知りません」 3) 私はそれがいったい何なのかわからない。 4) 彼女はきみがロシア語を勉強していることを知っています。 5) これはニーナじゃなくてアンナです。 **4** 1) Я думаю, что это музей. 2) Ты знаешь, что он не студент? 3) Да, знаю. 4) Мы думаем, что вы хорошо знаете русский язык. 5) Они хорошо понимают по-японски? 6) Думаю, что нет.

Упражнения 3

1 1) он 2) Оно 3) Он 4) она **2** 1) Это твоё письмо. 2) Это наша машина. 3) Это его имя. 4) Это их родители. **3** 1) этот новый この新しい教科書 2) эта весёлая この陽気な女子学生 3) это трудное この難しい練習問題 4) эти молодые この若い親たち 5) та новая あの新しい歌 **4** 1) 彼の従兄は今この手紙を読んでいる。 2) あなたの御両親はロシア語がよくわかります。 3) その学生は，それが誰の教科書かを知らない。 4)「あなたの名前はどういう意味ですか」「私の名前は"優しい"という意味です」 5) この若い女性教師が何を読んでいるかご存じですか。 **5** 1) Я думаю, что его родители очень молодые. 2) Она хорошо знает, что это упражнение очень трудное. 3) Ты знаешь, где её машина? 4) Мой отец/папа не понимает, что они делают.

Упражнения 4

1 1) журналы 2) студенты 3) газеты 4) учительницы 5) музеи 6) уроки 7) студентки 8) братья **2** 1) Чьи это машины? — Это наши машины. 2) Чьи это письма? — Это мои письма. 3) Как вы думаете, чьи это тетради? — Я думаю, что это его тетради. **3** 1) Эта весёлая собака её. この陽気な犬は彼女のです。 2) Этот хороший журнал ваш. この良い雑誌はあなたのです。 3) Эта старая синяя тетрадь твоя. この古くて青いノートはきみのです。 **4** 1) парке 2) кухне 3) столе 4) новом музее 5) очках **5** 1) 私は彼のことを考え，彼は私のことを考えている。 2) 彼がどうして彼女のことを訊くのかわかりません。 3) 彼女の兄（弟）は田舎の小さな郵便局で働いています。 4) この映画

135

は何についての映画だとあなたは思いますか。 5) 彼の両親が働いているのは工場ではなく美術館です。

Упражнения 5

1 1) говорю́　私はとても早口です。 2) говори́те　あなたたちは誰のことを話しているのですか。 3) говори́м　私たちはあなた（たち）のことを話しています。 4) смо́трят　私たちの両親はテレビを観ています。 5) стоя́т　窓辺に花が置いてあります。　**2** 1) де́вочку　きみはこの女の子を知ってる？ 2) её　うん（彼女を）知ってるよ。 3) А́нну　この学生たちはアンナを描いているところです。 4) Ка́ждую неде́лю 彼らは毎週日本のアニメ番組を見ています。 5) Меня́　私は最近のロシア映画に興味があります。　**3** 1) Ка́кая 2) Каку́ю 3) хоти́те 4) хо́чешь 5) пи́шет　**4** 1) Каки́е часы́ он хо́чет? 2) Каки́е слова́ она́ смо́трит в словаре́? 3) На како́м языке́ они́ говоря́т?　**5**　ニーナ：アーニャ，何してるの？／アーニャ：友だちに手紙を書いてるの。／ニーナ：でもあんたはまだ小さいから手紙なんて書けないじゃない。／アーニャ：でもだいじょうぶ。私の友だちも小さくて，まだ字が読めないから。

Упражнения 6

1 1) Алекса́ндра 2) И́горя 3) Ни́ны 4) А́ни　**2** 1) студе́нта 学生の氏名 2) университе́та あなたの大学の先生たち 3) сестры́ 私の姉妹の手紙 4) Москвы́ モスクワからきた学生 5) ру́сского языка́ ロシア語のレッスン 6) иностра́нных студе́нтов 留学生たちのための本　**3** 1) меня́　私は今晩ひまな時間があります。 2) вас　あなたは兄弟か姉妹がいますか。 3) кого́　明日チェックテストがあるのは誰ですか。 4) неё, неё 「彼女はどんな眼をしていますか？」「彼女は黒い目をしています」　**4** 1) У вас в рестора́не есть пиани́но? おたくのレストランにはピアノがありますか。 2) У тебя́ на заво́де рабо́тают хоро́шие инжене́ры. きみの工場では良い技師たちが働いている。 3) У него́ в ко́мнате есть электри́ческий ча́йник. 彼の部屋には電気ポットがある。 4) У меня́ на ку́хне стои́т большо́й холоди́льник. 私のキッチンには大きな冷蔵庫が置いてある。

Упражнения 7

1 1) занима́юсь 2) встреча́емся 3) собира́ешься 4) у́чатся 5) меня́ются　**2** 1) Он не знал мой а́дрес. 2) Что вы тут де́лали? 3) У роди́телей мое́й жены́ был настоя́щий самова́р. 4) Сего́дня у нас была́ контро́льная рабо́та. 5) Они́ бы́ли на ста́ром заво́де в дере́вне. 6) Меня́ интересова́л ру́сский бале́т. 7) Мой ребёнок учи́лся в четвёртом кла́ссе.　**3** 1)「きのうきみは忙しかったの？」「いや，ひまだったんだけど，彼のダーチャには行かなかったんだ」 2)「あなたのお名前は？」「アンドレイと申します。お会いできて嬉しいです」 3) 私はあなたは間違ってないと思う。　**4** 1) Где вы бы́ли вчера́? 2) Вчера́ мы бы́ли в университе́те. 3) Вчера́ она́ не была́ занята́. 4) Мы должны́ бы́ли ра́но встава́ть и мно́го рабо́тать.　**5**　神父がたずねます。／「ぼうやは食事の前にお祈りをしているかな」／「いいえ」と少年が答えます。「ママは料理がじょうずだからね！」

Упражнения 8

1 1) Я пишу́ дру́гу и отцу́. 2) Ка́ждую неде́лю он звони́т сестре́. 3) Она́ э́то объясня́ет И́горю и О́льге. 4) Я чита́ю её ма́ленькому вну́ку.　**2** 1) Муж звони́л жене́. → Он звони́л ей. 2) Но́вые студе́нты отвеча́ют молодо́му учи́телю. → Они́ отвеча́ют ему́. 3) Како́му студе́нту хо́чет помо́чь И́горь Бори́сович? → Кому́ он хо́чет помо́чь?　**3** 1) 私はあなたに折り入って（大きな）お願いがあり

ます。　2) 私は，あなた（たち）がこの計画をどう考えているか（計画にどう接しているか）に関心があります。　3) あなたは日本のアニメを観るのが好きですか。　4)「ここは気に入ってる？」「以前はとても気に入っていたけど，今はそれほどでも」　5)「手伝っていただけませんか」「ええ，もちろんですよ」　**4** 1) Тебé нáдо говори́ть по-ру́сски.　2) Нóвой учи́тельнице нáдо бы́ло мнóго рабóтать.　3) На́шим студéнтам нáдо мнóго занимáться.　**5**　「結婚したそうじゃないか」/「うん」/「なんでそんなことしたんだい？」/「昼メシを工場の食堂で食べるのがいやだったんだ」/「で，いまは？」/「いまは好き……」

Упражнения 9

1　1) Я бýду óчень зáнят.　2) Они́ бýдут на стáром завóде в деревне.　3) У тебя́ бýдет маши́на.　4) Я должнá бýду óчень мнóго занимáться.　5) Он бýдет изучáть рýсский язы́к.　6) Какýю кни́гу ты бýдешь читáть?　7) До университéта мы бýдем вмéсте учи́ться в Япóнии.　8) Что они́ бýдут рисовáть?　9) Комý вы бýдете писáть письмó?　10) Мы бýдем вставáть рáно ýтром.　**2**　1) интерéсно　この女子学生にとってロシアで働くのはおもしろいだろう。　2) скýчно　今日の職場はかなり退屈だった。　3) хóлодно　あなたのご兄弟は少し寒かった（寒そうだった）。　4) полéзно, прия́тно　外国語を勉強するのは役に立つだけでなく楽しい。　**3**　1) Я люблю́ бéлый цвет.　2) Моя́ тётя лю́бит крáсный цвет.　**4**　1) 夏休みをどこでどう休むかこれから考えるつもりです。　2) 彼がそんなことをしたのは，ただ彼が退屈だったせいだ。　3) どうりでここは今年こんなに雨が少ないわけだ。　4) 言うのはたやすい（口で言うだけなら簡単だ）。

Упражнения 10

1　1) дéлай, дéлайте　2) учи́, учи́те　3) пиши́, пиши́те　4) смотри́, смотри́те　5) занимáйся, занимáйтесь　6) волнýйся, волнýйтесь　7) открóй, открóйте　**2**　1) вас, меня́　2) негó, негó, боля́т　3) дóчери　**3**　1) маши́ны　2) врéмени　3) воды́　4) ничегó　5) когó　**4**　1)「すみません，遅れてしまいました」「だいじょうぶですよ」　2)「すみませんが，ビールをください」「どうぞ」　3)〔店員などに対して〕すみませんが，これをください。　4) このあたりでどこにトイレがあるか教えてください。　5)「急がないと朝食に間に合わないよ」「心配しないでいいよ。間に合うから」　**5**　先生「どうしてまた遅刻したの？」/生徒「だって先生は『学ぶのに遅すぎるということはない』って言ってたでしょ！」

Упражнения 11

1　1) нóвый фильм　2) больша́я шкóла　3) непоня́тные словá　4) стáрое врéмя　5) си́нее мóре　6) егó женá　7) мой отéц　8) вáши роди́тели　**2**　1) студéнтом, фотогрáфией　学生だったとき，私は写真に夢中でした。　2) молокóм　彼女はいつもミルク入りでコーヒーを飲む。　3) Кем　あなたは何になりたかったですか。　4) журнали́стом　私はずっとジャーナリスト志望でした。　5) Каки́м ви́дом　あなた（きみ）たちはどんなスポーツをやっていますか。　6) футбóлом　私たちはサッカーをやっています（熱中しています）。　7) мáленьким　まだ小さかったとき，ぼくは好んでサッカーをしていました。　**3**　1) идý　2) хóдим　3) идёте　4) идём　5) хóдит　6) хóдят　7) идёт　**4**　1) Где вы бы́ли вчерá?　2) Вчерá я былá в библиотéке.　3) Вчерá он был в гостя́х у дрýга.　**5**　「お父さんは小さいとき音楽学校に通ってたの？」/「ああ，そうさ。いちどたりともレッスンをサボったりはしなかったよ」/「ほらね，おかあさん。だから言ってるでしょ。あんなことに時間を使うのはムダだって」

Упражнения 12

1 1) Куда́ вы е́здили вчера́? 2) Вчера́ я е́здила на конце́рт. 3) Вчера́ он е́здил в го́сти к дру́гу. **2** 1) Пишу́, напишу́, Пиши́те, напи́шете 2) покупа́ешь, покупа́ю, купи́ла **3** 1) Сего́дня она́ встре́тила но́вого студе́нта из Япо́нии. 2) Он никогда́ не чита́л Турге́нева. 3) Как зову́т э́того челове́ка? **4** 息子が父親にたずねます。／「お父さん，ぼくは誰に似てるのかな」／父／「お父さんに似てるよ」／「じゃあお父さんは誰に似てるの？」／「おじいちゃんに似てる」／「おじいちゃんは誰に似てるの？」／「おじいちゃんのおじいちゃんに似てるね」／「やれやれ，それじゃぼくたちみんなマトリョーシカじゃないか！」

Упражнения 13

1 1) кото́рые テーブルの上にあるメガネをとって。 2) кото́рого 今日，久しく会っていない旧友が私に電話をしてきました。 3) кото́рую 机にはオーリャがけさ読み終えた本が置いてあります。 4) кото́рой こちらはかねてお話ししていた新しい女子学生です。 5) кото́рого きのう私は有名な作家に会いました。彼の小説〔短編〕を私はとても面白く読んでいました。 **2** 1) лу́чший 2) лу́чше 3) бо́льше 4) бо́льше 5) доро́же **3** 1) 私はあなたにもっと面白い本を見つけました。 2) あなたのいちばん好きな劇は何ですか。 3) 兄は弟よりも上手にロシア語を話せる。 4) むずかしければむずかしいだけおもしろい。 5) 遅くてもやらないよりはいい。

Упражнения 14

1 1) ме́сяца 2) руба́шки 1) конве́ртов, ру́чек 4) этажа́ 5) их **2** 1) きみのいとこはいくつ？ 2) 4年前に彼は18歳だった。 3) 兄とは5つ違いです。 4) モスクワでは映画のチケットは東京の半額だ。 5) ふだん彼らは6時半に起きます。 **3** 1) Сейча́с час. 2) Сейча́с семь часо́в. 3) Сейча́с де́сять мину́т шесто́го. 4) Сейча́с трина́дцать мину́т девя́того. 5) Сейча́с два́дцать пять мину́т оди́ннадцатого. **4** 1)「きみは兄弟は何人いるの？」男の子が自分の友だちにたずねました。／「ひとりだよ」と友だちは答えます。／「きみの妹は兄弟がふたりいるって言ってたけど，なんで？」 2)「お父さん，ひとが酔っ払ってるのはどうすれば見分けられるの？」／「あそこに木が2本見えるだろう？ 酔っ払いにはあれが4本に見えるのさ」／「お父さん，2本目の木はどこ？」

Упражнения 15

1 1) продаю́т 2) гото́вят 3) сказа́ли **2** 1) Я бы хоте́л [хоте́ла] вам помо́чь. или Я хоте́л [хоте́ла] бы вам... 2) Они́ хоте́ли бы взять интервью́ у э́того изве́стного писа́теля. или Они́ бы хоте́ли взять... 3) Вы не могли́ бы помо́чь мне пригото́вить у́жин? или Вы бы не могли́ помо́чь мне... **3** 1) 医者は彼女に別の薬をのむようにいった。 2) 彼女は別の薬をのんでいたと医者はいった。 3) 私たちのところにお越しいただきたいのですが。 4) 大事なのは，きみが前よりも注意ぶかくキノコを扱うことだ。 **4** 1) Я скажу́ ему́, что́бы он не опа́здывал на рабо́ту. 私は彼に仕事に遅れないように言います。 2) Мой друг по университе́ту посове́товал мне, что́бы я почита́л [почита́ла] э́ту кни́гу. 私はこの本をちょっと読んでみるようにと大学の友だちに勧められました。 3) Роди́тели написа́ли сы́ну, что́бы он писа́л им поча́ще. 両親は手紙で，もうちょっと頻繁に手紙を書いてくれるように息子にいった。 **5** 出張にいく父親を母親と息子が見送っていました。電車が離れていってから，男の子は別の電車がプラットフォームに近づいてきたのに気づきました。／「ごらんよ，お母さん」と少年は言いました。「電車が帰っ

てくるよ。たぶんお父さんはまた何か忘れ物をしたんだね」

Упражнения 16

1 1) この前，ぼくは自分の生まれた田舎に行ってきた。 2) 彼女は飛行機便のない小さな町に住んでいる。 3) 彼らは学年が始まる9月にモスクワにやってくる。　**2** 1) 日本にきたことがない人には日本はけっして理解できない。 2) わからないキノコのことは，それをよく知っている誰かにたずねる必要がある。 3) きみに手伝ってもらって論文を書いた人をぼくは知っている。 4) 彼らのところには私たちにないものがぜんぶある。　**3** 1) петь 2) встрéтимся 3) Пойдём(те) 4) стесня́ться　**4** 1) 私たちはそのことについていうべきことがないだろう。 2) 私は最近の映画を見ている時間がない。 3) 私たちの友人たちはすることがなかった。 4) 泳ごうにも彼らには場所がなかった。　**5** 1) седьмо́е января́ 2) восьмо́е ма́рта 3) пе́рвое ма́я 4) двена́дцатое ию́ня 5) седьмо́е ноября́ 6) двена́дцатое декабря́

Упражнения 17

1 1) дру́гом 2) дру́ге 3) дру́гу　**2** 1) Éсли бы у меня́ сейча́с бы́ли ли́шние де́ньги, я купи́л [купи́ла] бы э́тот фотоаппара́т. 2) Éсли бы у меня́ был тала́нт, я стал бы арти́стом. 3) Éсли бы за́втра бы́ло свобо́дное вре́мя, я пое́хал [пое́хала] бы на да́чу. 4) Éсли бы у нас была́ больша́я кварти́ра, мы могли́ бы жить вме́сте. 5) Éсли бы я не знал, како́го он мне́ния о поли́тике, я взял бы у него́ интервью́.　**3** 1) 彼女はとても水を飲みたがっている。 2) 私たちの学生たちは前から日本語を習いたかった。 3) 急がないと次の列車まで長く待つことになります。 4) かりに私が教師だったら，今よりもっと働かねばならないところです。　**4** 1) 夫と妻が電車に乗り遅れてしまった。／「あんなに身支度に長く時間をかけなかったら僕たちは電車に遅れなかったのに」と夫がいった。／「あなたがそんなに急がなければ，私たちがこんなに長く次の電車を待つこともないのよ」と妻は答えた。 2) 男が警察にやってきて言う。／「1時間前にウォッカをひと瓶なくしたんですが，おたくに届けられませんでしたか」／「瓶は届いていませんが，瓶を見つけた人がさきほど運び込まれてきたところですよ」

Упражнения 18

1 1) ду́мая 2) звоня́ 3) рису́я 4) встреча́ясь 5) смотря́〔смотря́は主に疑問詞と組み合わせて「…しだいだ；…によりけりだ」の意味で用います：Вы лю́бите гуля́ть? — Смотря́ где.「散歩は好きですか」「場所によります」；動作として「…を見ながら」を表す場合は，гляде́ть の副動詞 гля́дя を用います〕　**2** 1) сде́лав 2) позвони́в 3) отве́тив 4) вы́йдя 5) призна́вшись　**3** 1) пока́зывая 彼は写真を見せながら自分の家族について語った。 2) Покупа́я インターネットで服を買うとき，彼女はふだんカードで支払う。 3) встре́тив 彼はカフェで知り合いの女子学生に出会い，彼女を動物園に誘った。 4) Договори́вшись 彼女は監督にインタビューのことを約束してから，彼のところに出かけた。　**4** 1) слу́шающий 2) реша́ющий〔決定的な〕 3) подходя́щий〔適当な〕 4) уча́щийся〔生徒〕 5) веду́щий〔司会者〕　**5** 1) К нам прие́хал но́вый студе́нт, кото́рый о́чень хорошо́ говори́т по-япо́нски. 2) Мы встре́тились с изве́стными учёными, кото́рые занима́ются пробле́мами окружа́ющей среды́. 3) На конце́рт пригласи́ли дете́й, кото́рые интересу́ются му́зыкой. 4) Тем, кто жела́ет бо́льше узна́ть о Росси́и, бу́дет интере́сно посмотре́ть э́тот фильм.

Упражнения 19

1 1) с часу (часа) до трёх 2) с шести до десяти 3) с десяти до двенадцати 4) к четырём 5) без десяти двенадцать 6) после трёх **2** 1) часа три 2) дней пять 3) часов в семь 4) минут десять назад 5) недели через две **3** 1) Достоевского 2) госпоже Ефимовой 3) Паниным 4) Никитиными **4** 1) 私は彼女とおなじ地図を買いました。 2) 彼女は私とおなじ地図を持っています。 3) それは私たちが欲しいのとはまったくちがう車でした。 4) 私はあなたとはぜんぜんちがう印象があります。 5) 彼女はとても変わってしまったので，すぐには見分けられなかった。 6) この問題は数日で解決するには難しすぎます。 7) 新しい単語を全部一度に覚えるのは，以前私が思っていたほど簡単ではなかった。 8) イワンさんはスポーツをするには年をとりすぎていた。 **5** 1) 彼女は私とおなじ病院に入院していました。 2) ふだんは11時頃に寝ますが，昨晩はとても疲れていたので，9時に寝ました。 3) ふだん彼女はバスに乗るが，今日はタクシーに乗って駅に向かった。 4) 太陽は東から昇り，西に沈む。

Упражнения 20

1 1) сделанный 2) законченный 3) заказанный 4) закрытый 5) определённый **2** 1) 私はこの若い作家が書いた本が気に入った。 2) きのう私は有名なジャーナリストが制作した『世界の諸民族』というとても面白い番組を見ました。 3) 私は彼の小説は日本語に訳されているものはぜんぶ読んでいます。 4) 聞いたところでは，彼の小説はすでに５つの言語に翻訳されているそうです。 5) 10月8日から15日まで〈空港〉駅の東出口は閉鎖されます。 6) 私と友だちがよくいくカフェは昨晩満席でした。 **3** 1) Мы встретили туристов, которые приехали из России. 2) Холодильник, который давно стоял у нас на кухне, наконец сломался. 3) К мальчику, который сидел передо мной, подошла женщина. 4) Мой брат познакомился с девушкой, которая только что вернулась из Москвы. 5) Москва, которая является столицей России, меньше по площади, чем Санкт-Петербург. **4** 1) самой 私たちが女優本人から聞いたことは，彼女についていろいろな雑誌に書かれていることとはいちじるしく違っていた。 2) самим 彼女は，20世紀のもっとも偉大な詩人のひとり，ブロッキー本人と話したときのことを語ってくれた。

単語集

・この単語集には本書で用いた約1000の語句を収めました。
・各語句に付したカッコ内の数字は，初出の課または初出の練習問題の番号です。
・練習問題の番号には（練）を付しました。（発）と記したのは「文字と発音」にのみ現れる単語です。
・動詞については表5も参照して下さい。
・数詞については表4.1も参照して下さい。

А

а 〔接続詞〕いっぽう（対比）；ところで〔無アクセント〕(1)
 а ещё　そのうえ (5)
 а то　さもないと；…なので（練10）
 а что?　それが何か？ (5)
áвгуст　8月 (16)
автóбус　バス (12)
áвтор　作者；著者 (18)
áдрес　住所；所在地（複 адресá）（練7）
актёр　俳優 (11)
актрúса　（女性）俳優（練20）
аллó　もしもし（通話での呼びかけ）(15)
альбóм　アルバム；スケッチブック (3)
англúйский　イギリスの；英語の (5)
Андрéй Николáевич　アンドレイ・ニコラエヴィチ（男性の名・父称）(15)
Áнна Úгоревна　アンナ・イーゴレヴナ（女性の名・父称）(1)
аппетúт　食欲（発音 а[п]етúт）(10)
апрéль　〔男〕4月 (16)
артúст　アーティスト（練17）
аудитóрия　教室 (1)
аэропóрт　空港（前 в аэропортý; об аэропóрте）(15)

Б

бáбушка　祖母；おばあちゃん（練6）
балéт　バレエ（練7）
бáнка　ガラス瓶；缶 (10)
бежáть (бегý, бежúшь, бежúт; бежúм, бежúте, бегýт)《不完》〔定〕走っていく；急いでいく (14)
без　〔前置詞〕（+生）…なしに (13)
бéлый　白い（練9）
Берлúн　ベルリン (18)
беспокóиться[2]《不完》心配する (10)
библиотéка　図書館 (1)
билéт　チケット (9)
блúзко　〔無人述〕近い (19)
бóлее　もっと…な〔比較級〕(13)
болéть[2]　痛む (10)
больнúца　病院（練19）
больнóй　病気の；病んだ (7)
бóльше　большóй, мнóго の比較級 (13)
 бóльше не…　これ以上…ない (14)
большóй　大きい (5)
Борúс　ボリス（男性の名）(1)
Борúсович　ボリソヴィチ（父称・男性形）(1)
борщ（生 борщá）　ボルシチ（発）
боя́ться[2]《不完》（+生）恐れる；案じる (13)
брат　兄；弟（複 брáтья）(3)
брать (берý, берёшь)《不完》取る；買う (14)
Брáтья Карамáзовы　カラマーゾフの兄弟（Достоéвский の長編小説）(18)
Брóдский　ブロツキー（20世紀の詩人）（練20）
брю́ки　ズボン〔複数のみ〕(14)
бýдьте добры́　お願いします（＝пожáлуйста）（練10）
бумáга　紙（発）
буты́лка　瓶；ボトル（練17）
бы　〔仮定法をつくる助詞；無アクセント〕(15)
бывáть[1]《不完》よくいく；よくある（練20）
бы́стро　速く（練5）
быть《不完》…がある・いる；…である (7)

В

в 〔前置詞〕(＋前)…の中で；(＋対)…の中へ〔特定の名詞・代名詞の前でво〕(4)
 в отве́т　返事として (20)
 в то вре́мя　当時 (11)
 в чём де́ло?　なにが問題なのか (8)
ваго́н　車両 (19)
ва́жно　〔無人述〕重要だ，だいじだ (練5)
ваш　あなたの・あなたがたの (⇒表 **1.4**) (3)
вдруг　きゅうに；突然 (18)
ведь　だって…でしょう〔無アクセント〕(5)
везти́ (везу́, везёшь)　【不完】〔定〕(乗り物で人・モノを) 運んでいく (17)
век　世紀 (練20)
вели́кий　偉大な (練20)
верну́ться[1] (верну́сь, вернёшься)　【完】戻る (18)
ве́село　〔無人述〕楽しい；愉快だ (17)
весёлый　陽気な (3)
весна́　春 (発)
вести́ (веду́, ведёшь)　【不完】〔定〕(歩いて人を) 連れていく (17)；(科目を) 教える；受けもつ (20)
весь　…の全体；すべての… (⇒表 **1.5**) (6)
ве́тер　風 (生 ве́тра) (12)
 на ветру́　風に当たって (12)
ве́чер　晩；パーティー [на...] (複 вечера́) (17)
ве́чером　晩に (練6)
ве́шать[1]　【不完】掛ける (19)
вещь　〔女〕(漠然と) モノ；物事；品物 (6)
вздох　ため息 (発)
взять (возьму́, возьмёшь)　【完】取る；買う (14)
вид　種類 (練11)，(動詞の) 体 (13)，外見；視野 (前置格 в виду́, о ви́де) (17)
ви́деть[2] (ви́жу, ви́дишь)　【不完】見る；会う (12)
 ви́дишь　ほらね (練11)
ви́деться[2] (ви́жусь, ви́дишься)　【不完】会う (7)
вино́　ワイン (3)
висе́ть[2] (вишу́, виси́шь)　【不完】掛かっている (19)
вку́сно　おいしく (練15)
вку́сный　おいしい (6)
вме́сте　いっしょに (7)
внизу́　下に；下の階に (1)

внук　孫 (練8)
вода́　水 (9)
води́ть[2*] (вожу́, во́дишь)　【不完】〔不定〕(歩いて人を) 連れて通う (17)
во́дка　ウォッカ (練17)
возвраща́ться[1]　【不完】戻ってくる (練15)
вози́ть[2*] (вожу́, во́зишь)　【不完】〔不定〕(乗り物で人・モノを) 運んで通う (17)
войти́ (войду́, войдёшь)　【完】入る (19)
вокза́л　駅 [на...] (練19)
вокру́г　〔前置詞〕(＋生)…のまわり；…をめぐって (15)，〔副詞〕まわりで (16)
волнова́ться[1] (волну́юсь, волну́ешься)　【不完】心配する (9)
вон　ほらあれが；ほらあそこに (1)
вообще́　全般に；とにかく (10)
вопро́с　質問；問題 (6)
восемьсо́т　800 (発音 восе[м]со́т) (14)
воскресе́нье　日曜日 (15)
воспринима́ть[1]　【不完】深く理解する (18)
восто́к　東 (発)
восто́чный　東 (восто́к) の；東洋の (20)
вот　ほらこれが；ほらここに (1)
 во́т как!　やれやれ (練12)
впечатле́ние　印象 (9)
впо́ру　(＋与)…にサイズがあう (14)
врач　医者 (生 врача́) (10)
вре́мя　時間 (生 вре́мени；複 времена́) (練6)
 всё вре́мя　いつでも；ずっと (16)
всегда́　いつでも；つねに (7)
всего́ до́брого!　ではまた；失礼します (練1)
встава́ть[1] (встаю́, встаёшь)　【不完】起床する；起きあがる (7)
встать (вста́ну, вста́нешь)　【完】起床する；起きあがる (15)
встре́тить[2] (встре́чу, встре́тишь)　【完】出会う；迎える (16)
встре́титься[2] (встре́чусь, встре́тишься)　【完】会う (練16)
встре́ча　出会い (19)
встреча́ть[1]　【不完】出会う；迎える (練18)
встреча́ться[1]　【不完】会う (7)
вто́рник　火曜日 (15)
второ́й　2番目の (14)
вчера́　きのう (7)
вчера́шний　きのうの (7)

вы　あなた・あなたがたは（⇒表 **1.1**）（2）
вы́брать (вы́беру, вы́берешь)　〖完〗選ぶ；選びとる（練 14）
вы́йти (вы́йду, вы́йдешь)　〖完〗出る（16）
вы́писать (вы́пишу, вы́пишешь)　〖完〗発行する；書き抜く（10）
выпи́сывать¹　〖不完〗書き抜く；発行する（18）
вы́пить (вы́пью, вы́пьешь)　〖完〗飲む（練 17）
выраже́ние　表現（20）
вы́ход　出口（練 20）

Г

газе́та　新聞（練 4）
где　どこに？（1）
где́-то　どこか（4）
гита́ра　ギター（4）
гла́вный　主要な；だいじな（13）
глаго́л　動詞（13）
глаз　目（複 глаза́）（4）
гляде́ть⁽²⁾ (гляжу́, гляди́шь)　〖不完〗（на＋対）…を見る（20）
говори́ть²　〖不完〗話す（5）
год　年；歳（複生 годо́в/лет）（8）
голова́　頭（対 го́лову；複 го́ловы, голо́в...）（練 10）
го́лос　声（複 голоса́）（15）
гора́здо　〔比較級を強めて〕ずっと（13）
го́род　町；市；都市（複 города́）（13）
городско́й　都会（го́род）の（発音 горо[ц]ко́й）（6）
горя́чий　熱い（練 10）
госпожа́　…さん（女性に対して）（練 19）
гости́ная　客間（19）
гости́ница　ホテル（9）
гость　［男］客（複 го́сти）（7）
　　быть в гостя́х　お客にいく；訪ねる（7）
　　ходи́ть в го́сти　お客にいく；訪ねる（練 11）
гото́вить⁽²⁾ (гото́влю, гото́вишь)　〖不完〗料理する；用意する（練 7）
грамма́тика　文法（発音 гра[м]а́тика）（5）
граммати́ческий　文法の；文法的（20）
гриб　キノコ（生 гриба́）（8）
гуля́ть¹　〖不完〗散歩する（14）

Д

да　はい；そうです（2）
да нет!　とんでもない（8）
дава́й　дава́ть の命令形（16）
　　дава́й скоре́е　急いで！〔ты を用いる相手に対して〕（練 10）
дава́ть⁽¹⁾ (даю́, даёшь)　〖不完〗与える（16）
давно́　以前から（5）
да́же　…さえ；…までも（19）
дай(те)　дать の命令形（練 10）
далёкий　遠い（13）
далеко́　遠くに（17）
да́льше　далёкий, далеко́ の比較級（13）
дать (дам, дашь, даст; дади́м, дади́те, даду́т)　〖完〗与える；渡す（練 10）
да́ча　ダーチャ［на...］（7）
двадца́тый　20 番目の（発音 два[цц]а́тый）（練 20）
два́дцать　20（発音 два́[цц]ать）（14）
дво́е　ふた組（の）（14）
двор　中庭（生 двора́）（12）
двою́родный　いとこの（3）
де́вочка　女の子（4）
де́вушка　お嬢さん；娘（3）
девяно́сто　90（14）
де́душка　おじいちゃん（4）
декабрь　［男］12 月（生 декабря́）（16）
де́лать¹　する；つくる；行う（2）
де́ло　問題；こと；仕事（複 дела́）（8）
день　［男］日（生 дня）（1）
де́ньги　お金〔複数のみ〕（4）
дере́вня　いなか；地方；村（4）
де́рево　木（複 дере́вья）（練 14）
де́ти　子供たち〔複数〕（単 ребёнок）（4）
де́тский　子供の；子供用の（発音 де́[ц]кий）（14）
деше́вле　дешёвый の比較級（13）
дешёвый　安い（13）
для　〔前置詞〕（＋生）…にとって；…のために；…にしては（6）
до　〔前置詞〕（＋生）…まで（7）
　　до встре́чи!　ではまた（練 1）
　　до за́втра!　またあした（練 1）
　　до свида́ния!　さようなら（練 1）
　　до сих по́р　今にいたるまで；ここまで（13）
до́брый　良い（1）
　　до́брое у́тро!　おはよう（ございます）（練 1）
　　до́брый ве́чер!　こんばんは（練 1）
　　до́брый день!　こんにちは（1）

довольно　かなり (2)
договариваться¹　《不完》打ち合わをする (15)
договориться²　《完》話がまとまる (15)
дождь　［男］雨 (生 дождя) (練9)
доктор　医師；先生（医師への呼びかけ）(複 доктора) (10)
документальный　記録の：ドキュメンタリーの (15)
долгий　長い (12)
долго　長く (練14)
должен (должна, должно, должны) (＋不定形)…するべきだ：…するはず (7)
дом　家（戸建て）；建物（集合住宅）(複 дома) (8)
дома　家に：自宅に：在宅で (2)
домашний　家の：家庭の (6)
домой　家へ：帰路で (12)
дорогой　高い：高価な (13)
дороже　дорогой の比較級 (13)
Достоевский　ドストエフスキー（19世紀の作家）(18)
достопримечательность　［女］観光名所 (9)
дочь　［女］娘 (生 дочери；複 дочери) (10)
друг　友だち (複 друзья) (練5)
　　друг друга　おたがいを (17)
другой　別の：ほかの (練15)
　　другой, чем…　と…は異なる (練19)
думать¹　《不完》思う：考える (2)
дядя　［男］おじ (発)

Е
его　彼の（発音 е[в]о）(3)
еда　食事 (10)
её　彼女の (3)
ездить⁽²⁾ (езжу, ездишь)　《不完》［不定］(乗り物で) いく：通う (12)
Елена Дмитриевна　エレーナ・ドミートリエヴナ（女性の名・父称）(5)
ёлка　モミの木（ツリー）(19)
если　もし…であるなら (4)
　　если А, то Б　А であるならば Б だ (17)
　　если честно　正直にいうと（発音 если че[сн]а）(11)
есть (ем, ешь, ест; едим, едите, едят)　《不完》食べる (10)
есть　…がある・いる；…である（быть の現在形）(6)

ехать (еду, едешь)　《不完》［定］(乗り物で) いく：向かう (12)
ещё　まだ：さらに (11)

Ж
жаловаться⁽¹⁾ (жалуюсь, жалуешься)　《不完》(на＋対)…の不調を訴える (10)
жаль　〔無人述〕残念だ (11)
жарко　〔無人述〕暑い (9)
ждать (жду, ждёшь)　《不完》(＋生)…を待つ (練17)
же　〔強調の助詞；無アクセント〕(4)
желать¹　《不完》望む；欲する (練18)
жена　妻 (複 жёны) (6)
жениться²*　《不完》(男性が) 結婚する (練8)
женщина　女性；女の人 (練20)
живот　おなか：腹 (10)
жизнь　［女］人生；生活；命 (11)
　　всю жизнь　一生：昔からずっと (11)
жить (живу, живёшь)　《不完》住む：生きる (9)
журнал　雑誌 (練4)
журналист　ジャーナリスト；記者 (3)

З
за　〔前置詞〕(＋対)…に対して (12),〔完了体動詞とともに［完遂に要する時間］を表す〕(練19),(＋造)…の向こうで (20)
　　за границей　外国で (9)
забыть (забуду, забудешь)　《完》忘れる (練15)
завод　工場 ［на…］ (4)
завтра　あした (2)
завтрак　朝食 (練10)
завтракать¹　《不完》朝食を食べる (7)
задание　課題 (7)
зайти (зайду, зайдёшь)　《完》寄る (16)
заказать (закажу, закажешь)　《完》注文する；予約する (9)
закончить²　《完》終える (11)
закрыть (закрою, закроешь)　《完》閉じる (練20)
зал　ホール (11)
заниматься¹　《不完》働く；勉強する (7),(＋造)…に携わる；…をする (11)
занятие　授業 ［на…］ (12)
занятой　忙しい (7)
занять (займу, займёшь)　《完》占める；占有す

る（練20）

за́пад　西（発）

заплати́ть⁽²*⁾（заплачу́, запла́тишь）《完》支払う（14）

запомина́ть¹　《不完》覚えていく（13）

запо́мнить²　《完》覚えてしまう（13）

зара́нее　あらかじめ（9）

зате́м　それから；つぎに（14）

зато́　そのかわり（9）

захоте́ться（захо́чется；過захоте́лосьのみ）《完》…が欲しくなる：…したくなる（18）

заче́м　どうして：なんのために（5）

звать（зову́, зовёшь）《不完》呼ぶ（7）

звони́ть²　《不完》電話をかける（8）

здесь　ここに（1）

здо́рово　〔無人述〕すごい（4）

здра́вствуй!　こんにちは〔тыを用いる相手に対して〕（発音 здра́[ств]уй）（練1）

здра́вствуйте!　こんにちは（発音 здра́[ств]уйте）（1）

зима́　冬（対зи́му）（10）
　　на́ зиму　冬に備えて（10）

знако́миться⁽²⁾（знако́млюсь, знако́мишься）《不完》知り合いになる（1）
　　знако́мься!　紹介しよう（3）
　　знако́мьтесь!　ご紹介します（1）

знако́мый　知り合いの；覚えのある（16）

зна́ние　知識（20）

знать¹　《不完》知っている（2）

золото́й　黄金の；金色の（12）

зонт　傘（19）

зоопа́рк　動物園（16）

зуб　歯（10）

И

и　〔接続詞〕そして：さらに（1）
　　и вот　そこで…となった（18）
　　и то, и друго́е　両方とも（18）

Ива́н Петро́вич　イワン・ペトローヴィチ（男性の名と父称）（10）

И́горь　イーゴリ（男性の名）（1）

игра́ть¹　《不完》遊ぶ；(на＋前)…を演奏する（4）；(в＋対)（競技を）プレーする（練11）

идти́（иду́, идёшь）《不完》〔定〕（歩いて）行く；向かう（11）

иеро́глиф　漢字（13）

из　〔前置詞〕(＋生)…から（6）；…のうちの（9）；…でできた（12）

изве́стный　有名な（発音 изве́[сн]ый）（練13）

извини́ть²　《完》許す（練10）

из-за　〔前置詞〕(＋生)…のせいで（9）

измени́ться²*　《完》変わる（練19）

изуча́ть¹　《不完》学ぶ；勉強する（2）

и́ли　〔接続詞〕それとも（1）

име́ть¹　《不完》もつ；有する（17）
　　име́ть в виду́　念頭に置く；考慮する（17）

и́мя　名（生и́мени；複имена́）（3）

инжене́р　エンジニア；技師（練6）

иногда́　ときどき；…することもある（18）

иностра́нный　外国の（5）

интервью́　インタビュー；面接〔不変化〕（発音 ин[тэ]рвью）（15）
　　взять интервью́（у＋生）（…に）インタビューする（15）

интере́с　関心；興味（練13）

интере́сно　おもしろく；〔無人述〕おもしろい（9）

интере́сный　おもしろい；興味深い（練5）

интересова́ть⁽¹⁾（интересу́ю, интересу́ешь）《不完》(＋対)…（人）の興味を引く（5）

интересова́ться⁽¹⁾　《不完》(＋造)…に関心をもつ（練18）

интерне́т　インターネット（発音 ин[тэ]р[нэ]т）（8）

информа́ция　情報（8）

иску́сство　技術；芸術（発音 иску́[с]тво）（16）

испа́нский　スペインの；スペイン語の（5）

истори́ческий　歴史的な；ゆかりのある（9）

ита́к　それでは（6）

их　彼らの（3）

ию́ль　〔男〕7月（16）

ию́нь　〔男〕6月（16）

К

к　〔前置詞〕(＋与)…のほうへ：…に対して（8）
　　к сожале́нию　残念ながら（14）

ка́ждый　それぞれの；毎…（5）

каза́ться（кажу́сь, ка́жешься）《不完》(＋造)…に見える（16）
　　ка́жется, что...　（与）にとって…と思える；…に見える（13）

как　〔疑問詞〕どのように；どうやって；〔副詞〕なんと…なのだろう（4）；〔接続詞〕…のように

(11); …する様子 (12)
как бу́дто　まるで…のように (12)
как быть?　どうすればいいのか (19)
как вас зову́т?　あなたのお名前は？(1)
как дела́?　お元気ですか；やあ元気？(1)
како́й　どのような (5)
　　како́й-нибудь　なんらかの…；なにかの… (6)
　　како́й-то　なんらかの (8)
календа́рь　[男] カレンダー (生 календаря́) (20)
кани́кулы　(学校の) 休業〔複数のみ〕(9)
каранда́ш　エンピツ (生 карандаша́) (4)
ка́рта　地図 (練 19)
ка́рточка　カード (14)
ка́сса　レジ (6)
кафе́　カフェ；喫茶店〔不変化〕(発音 ка[фэ]) (16)
ка́федра　講座；学科 [на...] (20)
кварти́ра　家 (集合住宅内の一住戸) (6)
кино́　映画；映画館〔不変化〕(11)
кинотеа́тр　映画館 (11)
кио́ск　キオスク (19)
кита́йский　中国の；中国語の (5)
класс　クラス；(学校の) 学年 (発音 кла[с]) (練 7)
кла́ссик　古典作家 (発音 кла́[с]ик) (18)
класть (кладу́, кладёшь)《不完》(横にして) 置く (19)
кни́га　本；書物 (5)
кни́жный　本の (16)
когда́　〔疑問詞〕いつ (8)；〔接続詞〕…するときに (10)
кого́ я ви́жу　誰かと思えば (意外な人にあったときの決まり文句) (16)
командиро́вка　出張 (練 15)
ко́мната　部屋 (練 6)
компью́тер　コンピュータ (練 12)
конве́рт　封筒 (練 14)
коне́ц　終わり；末 (生 конца́) (12)
коне́чно　もちろん (発音 коне́[ш]но) (6)
контро́льная　小テスト (6)
　　контро́льная рабо́та　テスト；小テスト (6)
конце́рт　コンサート [на...] (練 12)
кото́рый　〔関係代名詞〕…するところの (13)
　　кото́рый час　何時？(14)
ко́фе　[男] コーヒー〔不変化〕(11)
ко́шка　猫 (4)

краси́вый　美しい；きれいな (4)
кра́сный　赤い (練 9)
креди́тный　クレジットの (14)
кро́ме　〔前置詞〕(＋生) …の他に (練 10)
　　кро́ме того́　それだけでなく (7)
кружи́ться² 　回転する；舞う (12)
кста́ти　ところで (2)
кто　誰が (⇒表 1.2) (2)
　　кто́-нибудь　誰か (8)
куда́　どこへ (11)
купи́ть⁽²*⁾ (куплю́, ку́пишь)《完》買う (9)
курс　(大学の) 学年 [на…] (練 13)
ку́хня　キッチン；台所 [на...] (練 4)

Л

лёгкий　軽い；簡単な (発音 лё[х]кий) (12)
легко́　〔無人述〕簡単だ (発音 ле[х]ко́) (練 9)
лежа́ть² 《不完》横たわっている；置いてある (練 13)
лека́рство　薬 (10)
лес　森 (複 леса́) (8)
лета́ть¹《不完》〔不定〕飛ぶ；飛び回る (練 16)
ле́тний　夏の (8)
ле́то　夏 (発)
ле́том　夏に (9)
лечь (ля́гу, ля́жешь)《完》横になる (19)
ли　〔疑問の助詞〕…かどうか (6)
лист　葉 (複 ли́стья) (12)
литерату́ра　文学 (16)
лицо́　顔；人物 (複 ли́ца) (16)
ли́чно　個人的に (18)
ли́шний　余分な (練 17)
ложи́ться² 《不完》横になる (19)
лу́чше　〔無人述〕…したほうがいい (9)；хоро́ший, хорошо́ の比較級 (13)
лу́чший　よりよい，最良の (13)
люби́мый　お気に入りの (11)
люби́ть⁽²*⁾ (люблю́, лю́бишь)《不完》愛する；大好きだ (9)
любо́вь　[女] 愛 (生 любви́) (17)
любо́й　どの…も (20)
лю́ди　人々〔複数〕(単 челове́к) (練 7)

М

магази́н　店 (練 12)
май　5 月 (16)

ма́ленький 小さい（練4）
ма́ло （＋生）少しの…（練9）；少ない；少なく（13）
ма́льчик 男の子（4）
ма́ма お母さん（3）
маринова́ть⁽¹⁾（мариную́, маринуе́шь）【不完】漬ける（10）
март 3月（16）
материа́л 教材；材料（7）
матрёшка マトリョーシカ（練12）
маши́на 車（練3）
ме́жду〔前置詞〕（＋造）…の間（13）
мейл（мэйл） メール（発音 [мэ]йл）（練12）
ме́ньше ма́ленький, ма́ло の比較級（13）
меня́ зову́т… 私の名前は…です（1）
меня́ться¹ 【不完】変わる（練7）
ме́сто 場所；席（複места́）（9）
ме́сяц 月（暦）（練14）
метро́ 地下鉄；地下鉄駅〔不変化〕（19）
мечта́ть¹ 【不完】夢みる（11）
меша́ть¹ 【不完】（＋与）…を邪魔する（8）
мину́та 分（60秒）（11）
мир 世界；平和（18）
мла́дший 年下の，最年少の（13）
мне́ние 意見；見解（9）
мно́го たくさん（7）；（＋生）たくさんの…（9）
мо́жет быть ひょっとして；ありうる（8）
мо́жно 〔無人述〕（＋不定形）…してよい；…できる（10）
мой 私の（⇒表 **1.4**）（3）
моли́ться²* 【不完】祈る（練7）
молодо́й 若い（3）
моло́же молодо́й の比較級（13）
молоко́ 牛乳（練11）
мо́ре 海（3）
Москва́ モスクワ（練6）
моско́вский モスクワの（16）
мочь（могу́, мо́жешь… мо́гут）【不完】…できる；…しかねない（8）
мощь〔女〕力（発）
муж 夫（複мужья́）（練6）
мужчи́на〔男〕男性（発音му[щ]и́на）（3）
музе́й 博物館；美術館（1）
му́зыка 音楽（練5）
музыка́льный 音楽の（練11）
музыка́нт 音楽家；ミュージシャン（発）

му́льтик アニメ（俗）（5）
мультфи́льм アニメ番組・映画（練5）
мы 私たちは（⇒表 **1.1**）（2）
мя́со 肉（練15）

Н

на〔前置詞〕（＋前）…の上で；…で（4），（＋対）…の上へ；…へ（11）；（＋対）…用に（目的・用途）（6）；…だけ；…ぶん（差の量）（14）
  на са́мом де́ле 実際に；たしかに；実際には（8）
наве́рно たぶん；きっと…だろう（6）
наве́рное たぶん；きっと…だろう（3）
наверху́ 上に；上の階に（1）
наде́яться⁽¹⁾（наде́юсь, наде́ешься）【不完】願う（20）
на́до〔無人述〕（＋不定形）…する必要がある（8）
наза́д （対＋наза́д で）〔時間を表す語句とともに〕…前に；…だけ以前に（10）
найти́（найду́, найдёшь）【完】見つける（練17）
наконе́ц ついに；とうとう（練20）
намно́го〔比較級を強めて〕はるかに（18）
написа́ть（напишу́, напи́шешь）【完】書き上げる（12）
наприме́р たとえば（5）
наро́д 民族；民衆（練20）
на́скоро 急いで；さっさと（7）
настоя́щий 本物の（6）
Ната́ша ナターシャ（女性の名Ната́лья の愛称）（7）
находи́ться⁽²*⁾（нахожу́сь, нахо́дишься）【不完】（…に）位置する；ある；いる（9）
нача́ть（начну́, начнёшь）【完】始める（13）
нача́ться（単3のみ：начнётся）【完】始まる（20）
начина́ть¹ 【不完】始める（18）
начина́ться¹ 【不完】始まる（7）
начина́ющий 初心者（18）
наш 私たちの（⇒表 **1.4**）（3）
не〔否定の助詞；無アクセント〕…ではない；…しない（2）
  не А, а Б　А ではなく Б（練2）
  не то́лько А, но и Б　А だけでなく Б も（練9）
не-〔否定の接頭辞〕（＋不定形）…すべき…がない（16）
  не́где …する場所がない（16）

147

не́когда　…する時間がない（16）
не́кого　…すべき人がいない（16）
не́куда　…行く（遣る）場所がない（16）
не́чего　…すべきものがない（16）
небольшо́й　小さな（12）
нева́жно　〔無人述〕とるにたりない（13）
неда́вно　最近；さきほど（練16）
недалеко́ от　（＋生）…の近くに（練11）
неде́ля　週（5）
незнако́мый　見知らぬ；覚えのない（8）
нельзя́　〔無人述〕…してはいけない（13）
немно́го　少し（7）
непоня́тный　よくわからない（10）
не́сколько　（＋生）いくつかの（10）
несмотря́ на　（＋対）…にもかかわらず（9）
несоверше́нный　不完全な；不完了体の（13）
нести́（несу́, несёшь）【不完】〔定〕（歩いてモノを）持っていく（17）
нет　いいえ；ちがいます（2），（＋生）…が（い）ない（10）
-нибудь　〔不定代名詞 что́-нибудь，不定副詞 где́-нибудь などをつくる助詞〕（8）
Ники́тин　ニキーチン（姓の男性形）（1）
никогда́ не…　いちども…ない（9）
никто́ не…　誰も…ない（⇒表 **1.2**）（10）
Ни́на Ива́новна　ニーナ・イワーノヴナ（女性の名・父称）（1）
ничего́　（発音 ниче[в]о́）〔否定代名詞〕なにもない（10）；〔間投詞〕だいじょうぶ；なんでもない（8）
　　ничего́ стра́шного　なんでもない；大丈夫（練10）
но　〔接続詞〕しかし〔発音 н[o]〕（2）
но́вый　新しい（1）
нога́　足；脚（対 но́гу；複 но́ги）（練10）
норма́льный　ふつうの（10）
носи́ть²*（ношу́, но́сишь）【不完】〔不定〕（歩いてモノを）持って通う（17）
ночь　〔女〕夜（午前0～5時）（練19）
ноя́брь　〔男〕11月（生 ноября́）（16）
нра́виться⁽²⁾（нра́влюсь, нра́вишься）【不完】気に入っている；好きだ（8）
ну　〔意外さや強調を表す間投詞〕（練10）
　　ну всё　というわけで；では（話の切り上げ）（12）
　　ну ты что!　とんでもない！（4）

ну́жно　〔無人述〕必要だ（11）
ну́жный　必要な（練12）

О

о　〔前置詞〕（＋前）…について（特定の名詞・代名詞の前で об, обо）（4）
обе́д　昼食；ランチ（16）
обе́дать¹　【不完】昼食をとる（練8）
о́бласть　〔女〕州；分野（16）
обра́тно　帰り道で（12）
обща́ться¹　交際する；おしゃべりする（17）
общежи́тие　寮（12）
объясня́ть¹　【不完】説明する（練8）
обы́чно　ふだん（練12）
обяза́тельно　かならず；きっと（17）
о́вощи　野菜〔複数のみ〕（練15）
ограни́чить²　【完】制限する（20）
оде́жда　服（14）
оди́н　1（数詞）；ひとつの；或る（⇒表 **4.2**）（1）
　　оди́н и тот же…　同一の（19）
одна́жды　あるとき；かつて（練20）
означа́ть¹　【不完】意味する（練3）
ой　あら（驚きを表す感嘆詞）（2）
ока́зываться¹　〔無人動〕…であると判明する（19）
окно́　窓（複 о́кна）（練5）
о́коло　〔前置詞〕（＋生）…のそばに（6）
окружа́ющая среда́　環境（練18）
октя́брь　〔男〕10月（生 октября́）（16）
О́ля　オーリャ（女性名 О́льга の愛称）（2）
он　彼は（⇒表 **1.1**）（2）
она́　彼女は（⇒表 **1.1**）（2）
оно́　それは（⇒表 **1.1**）（2）
они́　彼ら・それらは（⇒表 **1.1**）（2）
опа́здывать　【不完】遅刻する；遅れる（練15）
опозда́ть¹　【完】遅刻する；遅れる（練10）
определи́ть²　【完】定める（練20）
опя́ть　ふたたび（8）
осво́ить²　【完】身につける；習得する（20）
о́сень　〔女〕秋（発）
осмотре́ть²*　【完】見物する；診る（18）
осма́тривать¹　【不完】見物する；診る（9）
осно́ва　基礎（20）
осо́бенно　とくに（10）
осо́бенный　特別な（10）
остана́вливать¹　【不完】止める；停める（10）
оста́ться（оста́нусь, оста́нешься）【完】残る；

（＋造）…のままでいる（練13）
осторо́жно　注意深く（8）
осторо́жный　注意深い（10）
от　〔前置詞〕（＋生）…から（12）
отве́т　答え；返事（20）
отве́тить(2)（отве́чу, отве́тишь）【完】答える；返事をする（14）
отвеча́ть1　【不完】答える；返事をする（練7）
отдохну́ть(1)（отдохну́, отдохнёшь）【完】ひと休みする（7）
отдыха́ть1　【不完】休む；休暇をすごす（9）
оте́ц　父（生отца́）（3）
открыва́ть1　【不完】開く；開ける；見いだす（18）
откры́ть（откро́ю, откро́ешь）【完】開く；開ける；見いだす（10）
отку́да　どこから（11）
отлича́ться1　【不完】（от＋生）…とは異なる（練20）
относи́ться(2*)（отношу́сь, отно́сишься）【不完】（к＋与）…に接する（8）
отойти́（отойду́, отойдёшь）【完】（от＋生）…から離れる（15）
отсю́да　ここから（19）
о́тчество　父称（4）
о́чень　とても；ひじょうに（3）
о́чень прия́тно!　はじめまして（1）
очки́　メガネ〔複数のみ〕（4）
оши́бка　まちがい；誤り（13）

П

пальто́　コート〔不変化〕（11）
па́па　お父さん（3）
па́рень　［男］若者；彼氏（生па́рня）（12）
парк　公園（練4）
пе́рвый　最初の（12）
перевести́（переведу́, переведёшь）【完】翻訳する（17）
перево́д　翻訳（16）
переводи́ть(2*)（перевожу́, перево́дишь）【不完】翻訳する（17）
переда́ча　番組（15）
перед　〔前置詞〕（＋造）…の前に（練20）
перее́хать（перее́ду, перее́дешь）【完】移る；引越す（11）
перезвони́ть2　【完】電話をかけ直す（15）
перейти́（перейду́, перейдёшь）【完】…に移る（15）
пересели́ться2　【完】移住する；引っ越す（20）
перечи́тывать1　【不完】読み返す（18）
пе́сня　歌（練3）
Петербу́рг　ペテルブルグ（Са́нкт-Петербу́рг）（11）
петь（пою́, поёшь）【不完】歌う（練16）
пиани́но　ピアノ（アップライト型）〔不変化〕（練6）
пи́во　ビール（練10）
писа́тель　［男］作家（練13）
писа́ть（пишу́, пи́шешь）【不完】書く（5）
письмо́　手紙（複пи́сьма）（2）
пить（пью, пьёшь）【不完】飲む（練11）
пла́вать1　【不完】〔不定〕泳ぐ；漂う（練16）
план　計画（8）
плати́ть(2*)（плачу́, пла́тишь）【不完】払う（練18）
платфо́рма　プラットフォーム（練15）
пло́хо　悪く；へたに（10）
плохо́й　悪い（13）
пло́щадь　［女］広場；面積（練20）
по　〔前置詞〕（＋与）〔運動の場所〕〔通信手段〕〔判断の基準〕〔関連領域〕…で（15）；（＋対）〔期日・規定時〕…まで（練20）
по кра́йней ме́ре　すくなくとも（2）
по-　〔接頭辞〕（比較級の短語尾形につけて）もう少し（13）；（定動詞につけて）〔出発〕，（移動の動詞以外の動詞につけて）ちょっと…する（15）
по-англи́йски　英語で；英国風に（練2）
побыва́ть1　【完】滞在する；過ごす（18）
пове́сить2（пове́шу, пове́сишь）【完】掛ける（19）
повторя́ть1　【不完】繰り返す；復習する（5）
пого́да　天気（17）
под　〔前置詞〕（＋造）…の下で（12）
подобра́ть（подберу́, подберёшь）【完】選びとる（14）
подойти́（подойду́, подойдёшь）【完】近づく（14）
подро́бно　詳しく（12）
подру́га　友だちの女性（練4）
подходи́ть(2*)（подхожу́, подхо́дишь）【不完】近づく；適する（練18）
по́езд　電車（複поезда́）（練15）
пое́здка　旅行（8）
пое́хать（пое́ду, пое́дешь）【完】（乗り物で）出

149

かける (14)

пожа́луйста　どうぞ；どういたしまして（発音 пожа́[лс]та）(6)

позво́лить² 〖完〗(＋不定形)…することを可能にする；許す (20)

позвони́ть 〖完〗電話する（練18）

по́здно　遅く；〔無人述〕遅い（発音 по́[зн]о）（練10）

познако́миться⁽²⁾ (познако́млюсь, познако́мишься) 〖完〗(с＋造)(…と) 知り合う（練7）

поиска́ть (поищу́, пои́щешь) 〖完〗ちょっと探す (8)

пойти́ (пойду́, пойдёшь) 〖完〗出かける (15)

пока́!　じゃあね；またね（練1）

показа́ть²* (покажу́, пока́жешь) 〖完〗見せる (12)

пока́зывать¹ 〖不完〗見せる (12)

покупа́ть¹ 〖完〗買う (12)

поле́зный　有益な（練9）

поли́тика　政治（練17）

поли́ция　警察（練17）

полови́на　30分；半分（練14）

положи́ть²* 〖完〗(横にして) 置く (19)

получа́ть¹ 〖不完〗受けとる (18)

получи́ться²* 〖完〗(結果として) …になる (17)

по́мнить² 〖不完〗覚えている (13)

помо́чь (помогу́, помо́жешь… помо́гут) 〖完〗(＋与)…を手伝う (8)

понеде́льник　月曜日 (15)

по-неме́цки　ドイツ語で；ドイツ風に (5)

понима́ть¹ 〖不完〗理解する；わかる (2)

　　понима́ть по-ру́сски　ロシア語がわかる (2)

понра́виться⁽²⁾ (понра́влюсь, понра́вишься) 〖完〗(＋与)…に気に入ってしまう (10)

поня́тие　概念；知識 (16)

поня́тно　〔述語〕あきらかだ；わかる (6)

поня́ть (пойму́, поймёшь) 〖完〗理解する（練16）

попра́виться⁽²⁾ (попра́влюсь, попра́вишься) 〖完〗回復する；太る (7)

по-пре́жнему　今までどおり (15)

попроси́ть⁽²⁾* (попрошу́, попро́сишь) 〖完〗頼む (14)

пора́　〔無人述〕…する時間だ (12)

по-ру́сски　ロシア語で；ロシア風に（発音 по-ру́[с]ки）(2)

по́сле　〔前置詞〕(＋生)…のあとで (7)

после́дний　最近の；最後の（練5）

　　(в) после́днее вре́мя　最近は (7)

посмотре́ть²* 〖完〗見ておく；見てみる (9)

　　посмотри́　ごらんなさい；みて (1)

посове́товать⁽¹⁾ (посове́тую, посове́туешь) 〖完〗勧める (11)

поста́вить⁽²⁾ (поста́влю, поста́вишь) 〖完〗立たせる；置く (19)

потеря́ть¹ 〖完〗なくす；紛失する（練17）

пото́м　それから；あとで (17)

потому́ что　〔接続詞〕なぜなら（発音 потому́ [шта]）(4)

потре́боваться⁽¹⁾ (потре́буюсь, потре́буешься) 〖完〗要求される (20)

потряса́ть¹ 〖不完〗ゆるがす；ショックを与える (18)

потряса́ющий　衝撃的な (18)

по-францу́зски　フランス語で；フランス風に（発音 по-францу́[с]ки）(5)

похо́ж, -а, -е, -и　(на＋対)…に似ている（練12）

почему́　なぜ (4)

по́чта　郵便局 [на...]（練4）

почти́　ほとんど（練14）

поэ́т　詩人（練20）

поэ́тому　ですので；だから (15)

по-япо́нски　日本語で；日本風に（練2）

пра́вда　真実；じっさいに，（挿入語）…ですよね？ (4)

пра́вило　規則 (20)

пра́вый　正しい（練7）

пра́здник　祝日；お祭り（発音 пра́[зн]ик）(16)

практи́чески　実質的に (20)

предвари́тельный　予備的な；事前の (20)

предисло́вие　前書き；序文 (20)

предпочита́ть¹ 〖不完〗(与) よりも (対) のほうが好きだ (18)

представля́ть¹ 〖不完〗想像する (8)

преподава́тель　講師（練6）

преподава́ть⁽¹⁾ (преподаю́, преподаёшь) 〖不完〗教える (11)

привезти́ (привезу́, привезёшь) 〖完〗(乗り物で) 持っていく (17)

привести́ (приведу́, приведёшь) 〖完〗連れてくる；挙げる (20)

приве́т　やあ；こんにちは（親しい間柄でのみ）；

よろしくとの挨拶 (2)
пригласи́ть⁽²⁾ (приглашу́, пригласи́шь)【完】招く；誘う (17)
пригото́вить⁽²⁾ (пригото́влю, пригото́вишь)【完】料理する；用意する (練15)
прие́хать (прие́ду, прие́дешь)【完】(乗り物で) やってくる；着く (15)
призна́ться¹【完】(与+в+前)…を告白する (17)
прийти́ (приду́, придёшь)【完】着く；到着する (18)
прийти́сь (придётся；過пришло́сь のみ)【完】〔無人動〕(+不定形)…しなければならなくなる (練17)
принести́ (принесу́, принесёшь)【完】もってくる (14)
принима́ть¹【不完】服用する；受け入れる (10)
приноси́ть⁽²*⁾ (приношу́, прино́сишь)【不完】もってくる (17)
присла́ть¹ (пришлю́, пришлёшь)【完】送ってくる (20)
присни́ться²【完】〔無人動〕夢にみる (19)
приходи́ть⁽²*⁾ (прихожу́, прихо́дишь)【不完】やってくる (練17)
прия́тный 楽しい；愉快な (練9)
про 〔前置詞〕(+対)…について (5)
пробле́ма 問題 (練18)
провести́ (проведу́, проведёшь)【完】過ごす (9)
проводи́ть⁽²*⁾ (провожу́, прово́дишь)【不完】過ごす (16)
провожа́ть¹【不完】見送る (練15)
продава́ть⁽¹⁾ (продаю́, продаёшь)【不完】売る (練15)
продавщи́ца (女性) 販売員 (14)
проду́кты 食品〔複数のみ〕(10)
пройти́ (пройду́, пройдёшь)【完】(通って) たどり着く；通過する (19)
про́пуск 通行証 (15)
пропуска́ть¹【不完】さぼる (練11)
про́сто たんに (8)
про́сьба 頼み (練8)
прохла́дно 〔無人述〕涼しい；肌寒い (20)
проходна́я 守衛所 (15)
прочита́ть¹【完】読み通す (12)
про́шлый 前の；先の (12)
пря́мо 直接に；まさに (12)

пусть 〔間接命令法をつくる助詞〕…させよう；…してもらおう；…してもらいたい (20)
путеше́ствовать⁽¹⁾ (путеше́ствую, путеше́ствуешь)【不完】旅行する (18)
пья́ный 酔っている；酔っぱらい (練14)
пя́тница 金曜日 (15)
пя́тый 5番目の (16)

Р

рабо́та 仕事；職場〔на...〕(5)
рабо́тать¹【不完】働く (3)
рад, -а, -о, -ы うれしい (7)
ра́дио ラジオ；ラジオ局〔不変化〕〔на...〕(発音 ра́ди[о]) (11)
раз …倍；…回 (練14)
разбуди́ть⁽²*⁾ (разбужу́, разбу́дишь)【完】(眠る人を) 起こす (15)
разгова́ривать¹【不完】会話する；話す (9)
разме́р サイズ (14)
ра́зница 差異；ちがい (13)
ра́зный 異なる；いろいろな (13)
райо́н 地区；地域 (練10)
ра́но 早く (7)
ра́ньше 以前は (7)
расска́з 短編小説；話 (発音 ра[с]ка́з) (12)
рассказа́ть (расскажу́, расска́жешь)【完】語る；説明する (発音 ра[с]каза́ть) (11)
расска́зывать¹【不完】語る (発音 ра[с]ка́зывать) (13)
расстро́енный がっかりした (19)
раста́ять¹【完】溶ける (20)
расти́ (расту́, растёшь)【不完】育つ；生える (8)
ребёнок 子ども；赤ちゃん (複 де́ти) (練7)
ре́дко めったに…ない (7)
режиссёр 監督 (発音 режи[с]ёр) (15)
рестора́н レストラン (練6)
реша́ть¹【不完】解決する；決める (練18)
реши́ть²【完】解決する；決める (練19)
рисова́ть⁽¹⁾ (рису́ю, рису́ешь)【不完】描く (4)
рису́нок 絵 (生 рису́нка) (4)
роди́тели (複) 両親 (3)
роди́ться⁽²⁾ (рожу́сь, роди́шься)【完】生まれる (練16)
ро́дом 生まれは (11)
рома́н 長編小説 (練20)

151

Россия　ロシア（発音 ро[с]ия）(6)
рот　口（生 рта）(10)
рубашка　シャツ（練 14）
рубль　［男］ルーブル（通貨単位）（生 рубля）(14)
рука　手；腕（対 руку；複 руки）（練 10）
русский　ロシアの；ロシア人の（発音 ру[с]кий）(2)；ロシア人 (6)
ручка　ペン（練 14）
рыба　魚（練 15）
рынок　市場（生 рынка）［на...］（練 11）
рядом　となりに（с＋造）(19)

С

с　〔前置詞〕（＋生）…から (7)；（＋造）…と；…とともに (11)
　　с днём рождения!　誕生日おめでとう（発）
садиться(2)　(сажусь, садишься)　【不完】着席する (19)
　　садиться за стол　テーブルにつく (19)
сам, -á, -ó, сáми　みずから；自分で（⇒表 1.6）(9)
самовар　サモワール (6)
самолёт　飛行機 (9)
самостоятельно　自主的に；独立して (20)
самый　いちばん…な〔最上級〕(13)
-сан　…さん〔日本語〕(1)
сахар　砂糖（練 1）
Саш!　サーシャよ（Саша への呼びかけ）(20)
Саша　サーシャ（男性名 Александр の愛称）(2)
сборник　論集 (16)
светло　〔無人述〕明るい (20)
свободный　自由な；空いた（練 6）
свой　自分の（⇒表 1.4）(6)
священник　司祭（練 7）
сделать[1]　【完】してしまう（練 8）
себя　〔再帰代名詞〕（⇒表 1.2）(10)
север　北（発）
сегодня　今日（発音 се[в]одня）(6)
сегодняшний　今日の；現代の (15)
сейчас　いま (2)
семестр　学期 (20)
семья　家族 (3)
сентябрь　［男］9月（生 сентября）(16)
серьёзно　真剣に；まじめに (16)
серьёзный　深刻な (10)
сестра　姉；妹（複 сёстры）(3)
сесть　(сяду, сядешь)　【完】着席する (19)

сидеть(2)　(сижу, сидишь)　【不完】座っている (12)
сильно　強く；はなはだしく（練 20）
символ　シンボル；象徴 (6)
синий　青い (4)
ситуация　状況；情勢 (15)
сказать　(скажу, скажешь)　【完】言う (8)
　　скажите　教えてください（сказать の命令形）(6)
сколько　（＋生）いくつの…；いくら (14)
　　сколько с нас?　締めていくらですか？ (14)
скоро　まもなく；もうすぐ (12)
скучный　退屈な（発音 ску[ш]ный）（練 9）
следовать(1)　(следую, следуешь)　【不完】あとに続く (18)
следующий　次の (6)
слишком　…すぎる；あまりに…だ (19)
　　слишком A, чтобы＋不定形　…するには A すぎる (19)
словарь　［男］辞書（生 словаря）（練 5）
слово　単語（複 слова）(5)
сложный　むずかしい；複雑な (13)
сломаться[1]　【完】壊れる（練 20）
случайно　偶然に；たまたま (16)
слушать[1]　【不完】聞く；聴く（練 5）
　　слушай　あのね（слушать の命令形）(16)
слышать[2]　【不完】耳にする；聞こえる（練 8）
слышно　〔無人述〕聞こえる (20)
смелый　大胆な；勇気がある (17)
смеяться(1)　(смеюсь, смеёшься)　【不完】笑う (20)
смотреть[2]*　【不完】見る；観る (5)
смочь　(смогу, сможешь)　【完】…できる（練 16）
сначала　まず；最初に (17)
снег　雪 (12)
снять　(сниму, снимешь)　【完】とる (20)
собака　犬 (4)
собираться[1]　【不完】（＋不定形）…するつもりだ (7)；支度をする（練 17）
совершенный　完全な；完了体の (13)
современность　［女］現代 (18)
современный　現代の；現代的な (15)
совсем　まったく (7)
согласный　同意している (13)
солнце　太陽（発音 со[н]це）（練 19）

соль ［女］塩（練1）
сон 夢；眠り（生 сна）(17)
сообще́ние メッセージ(12)
со́рок 40（発）
соста́вить⁽²⁾ (соста́влю, соста́вишь)【完】作成する；組む(16)
спаси́бо ありがとう（ございます）(1)
спать⁽²⁾ (сплю, спишь)【不完】眠る（練19）
спекта́кль ［男］劇（練13）
спеши́ть² 【不完】急ぐ（練17）
споко́йно 落ちついて（練12）
споко́йной но́чи! おやすみなさい（練1）
спо́рить² 【不完】議論する(13)
спорт スポーツ(11)
спортза́л 体育館(11)
спра́ва 右に；右側に(3)
спра́шивать¹ 【不完】(+対)（…に）たずねる；訊く（練4）
спроси́ть⁽²⁾ (спрошу́, спро́сишь)【完】たずねる；訊く(6)
сра́зу すぐに(10)
среда́ 水曜日（対 сре́ду）（練10）
срок 期間(20)
ста́вить⁽²⁾ (ста́влю, ста́вишь)【不完】立たせる；置く(19)
ста́нция 駅（練20）
ста́рше ста́рый の比較級(13)
ста́рший 年上の，最年長の(13)
ста́рый 古い；年をとった(4)
стать (ста́ну, ста́нешь)【完】(+造)…になる(11)；(+不完了体)…しはじめる；…するようになる(19)
статья́ 論文；記事(16)
стесня́ться¹ 【不完】遠慮する(13)
сто́ить² 【不完】(+対)（値段が）いくらする(14)
стол 机；テーブル（生 стола́）(4)
столи́ца 首都（練20）
столо́вая 食堂(1)
сторона́ 側面；方面(18)
　с друго́й стороны́... 他方では…(18)
　с одно́й стороны́... 一方では…(18)
стоя́ть² 【不完】立っている（練5）
страна́ 国（複 стра́ны）(18)
стра́нный 奇妙な(8)
студе́нт 大学生(1)
студе́нтка 女子学生(3)

студе́нческий 学生の(16)
сту́дия スタジオ(15)
суббо́та 土曜日(15)
Су́здаль ［男］スーズダリ（地名）(12)
суп スープ（複 супы́）（発）
сходи́ть⁽²*⁾ (схожу́, схо́дишь)【完】行ってくる(16)
счита́ть¹ 【不完】みなす；考える（発音 [щ]ита́ть）(13)
съёмка 撮影(15)
сын 息子（複 сыновья́）(11)
сыно́к 息子よ（練11）
сюда́ ここに(11)

Т

так それほど；とても(7)
　так А, что Б あまりに А なので Б だ(19)
　так же А, как и Б Б とおなじく А だ(13)
　так же, как... …とおなじように(17)
та́к как 〔接続詞〕…なので (потому́ что)（練17）〔一語として発音〕
та́к что だから；それでは（発音 та́к[шта]）(11)
тако́й そのような(9)
　тако́й же おなじような；同種の(14)
　тако́й же А, как Б Б とおなじように А だ(17)
такси́ ［中］タクシー［不変化］(11)
тала́нт 才能(11)
там あそこに(1)
танцева́ть⁽¹⁾ 【不完】踊る(4)
Та́ня ターニャ（女性名 Татья́на の愛称）(16)
Татья́нин день タチヤーナの日〔学生の祭日〕(16)
твой きみの（⇒表1.4）(3)
теа́тр 劇場；演劇（練13）
текст テクスト(20)
телеви́зор テレビ（練5）
телефо́н 電話(15)
тем вре́менем そのとき；その間(20)
тепе́рь いま(7)
тепло́ あたたかく；〔無人述〕暖かい(9)
тёплый 暖かい(9)
те́сный 狭い；きつい(14)
тетра́дь ［女］ノート(3)
тётя おば；おばさん（練9）
ти́хий 静かな(13)

тихо　静かに (17)
тише　тихий, тихо の比較級 (13)
-то　〔不定代名詞 что́-то, 不定副詞 где́-то などをつくる助詞〕(8);〔強調の助詞〕(11)
то́ есть　つまり (17)
тогда́　それでは；あのとき；そのとき (14)
то́же　…も；おなじく (3)
То́кио　東京〔不変化〕(発音 То́ки[о]) (1)
то́лько　…だけ；…のみ (6)
　　то́лько что　ちょうど…したばかり (13)
торт　ケーキ (17)
тот　あの… (3)
　　тот же А, что и Б　Б とおなじ А (19)
　　тот же (са́мый)…　同一の (19)
точне́е　正しくは (16)
трамва́й　路面電車；トラム (練11)
тра́тить[(2)] (тра́чу, тра́тишь)　《不完》費やす (練11)
тру́дно　〔無人述〕むずかしい (10)
тру́дный　難しい (練3)
туале́т　トイレ (練1)
Турге́нев　トゥルゲーネフ (19世紀の作家) (12)
тури́ст　旅行者 (9)
Ту́рция　トルコ (9)
тут　ここで，ここに (2)
ты　きみは (⇒表1.1) (2)
ты́сяча　1,000 (14)

У

у　〔前置詞〕(+生) …のもとに；…のところに (6)
уважа́емый　〔呼びかけに用いる〕…様 (20)
уважа́ть[1]　《不完》尊敬する (20)
уве́ренный　確信している (練7)
уви́деть[(2)] (уви́жу, уви́дишь)　《完》みつける (12)
увлека́ться[1]　《不完》(+造) …に熱中する (11)
удо́бно　〔無人述〕便利だ；好都合だ (15)
удово́льствие　満足；喜び (11)
уезжа́ть[1]　《不完》去る；旅立つ (練15)
уже́　すでに (2)
у́жин　夕食 (練15)
узна́ть[1]　《完》知る (9)；見分ける (練19)
украше́ние　飾り (19)
у́лица　通り [на...] (19)
улы́бка　笑顔 (14)
уме́ть[1]　《不完》(+不定形) …できる；…する能力がある (4)

умыва́ться[1]　《不完》顔を洗う (7)
университе́т　大学 (練6)
упражне́ние　練習問題 (練1)
уро́к　課；レッスン [на...] (1)
услы́шать[2]　《完》耳にする；聞いて知る (練20)
успе́ть[1]　《完》(к+与) …に間にあう (練10)；(+《完》の不定形) …する時間がある (11)
уста́ть (уста́ну, уста́нешь)　《完》疲れる (練19)
уточни́ть[2]　《完》たしかめる (19)
у́тро　朝；午前 (生 утра́) (5)
у́тром　朝に；午前中に (7)
у́х ты！　これはまあ！；あらやだ (4)
уче́бник　教科書 (練3)
уче́бный　学業の (練16)
учени́к　生徒 (生 ученика́) (練10)
учёный　学者 (練18)
учи́тель　[男]教諭；教師 (複 учителя́) (3)
учи́тельница　女性教諭 (3)
учи́ть[2]*　《不完》学ぶ (=изуча́ть) (5)
учи́ться[2]*　《不完》学ぶ；学業する (7)
ую́т　快適さ (6)

Ф

факт　事実 (発)
фами́лия　姓；苗字 (4)
февра́ль　[男] 2月 (生 февраля́) (16)
фильм　映画 (練4)
фо́рма　形；形式 (13)
фотоаппара́т　カメラ (練17)
фотогра́фия　写真 (練11)
францу́зский　フランスの；フランス語の (発音 францу́[с]кий) (5)
фру́кты　果物 (練15)
футбо́л　サッカー (練11)
футбо́лка　Tシャツ (14)

Х

хлеб　パン (練12)
ходи́ть[(2*)] (хожу́, хо́дишь)　《不完》〔不定〕歩く；通う (11)
хозя́йка　女主人 (17)
холоди́льник　冷蔵庫 (練6)
холо́дный　冷たい；寒い (9)
хоро́ший　よい (4)
хорошо́　よく；じょうずに (2)；〔無人述〕よい (1)
хоте́ть (хочу́, хо́чешь)　《不完》欲しい；…した

い (5)

хотéться (хóчется; 過 хотéлось のみ)〖不完〗〔無人動〕…したい気がする (17)

хоть сейчáс 今すぐにでも (17)

хотя́ 〔接続詞〕…ではあるが (9)

худóжественный 芸術的な；芸術の (15)

хýже плохóй, плóхо の比較級 (13)

Ц

цвет 色（複 цветá）(4)

цветнóй カラーの (4)

цветóк 花（生 цветкá；複 цветы́）(練 5)

цéлый まるまる…；…全体 (17)

цéнный 貴重な (15)

центр 都心；センター (練 11)

цирк サーカス (発)

Ч

чай 紅茶 (6)

Чайкóвский チャイコフスキー (発)

чáйник 湯沸かし器；ポット (6)

час 1時間（複 часы́）(11)

　　часáми 何時間でも (11)

чáсто ひんぱんに (7)

часы́ 時計〔複数のみ〕(4)

чáще чáсто の比較級 (練 15)

чей 誰の（⇒表 **1.4**）(3)

человéк ひと；人間（複 лю́ди）(練 4)

чем 〔接続詞〕…よりも (13)

чем (比較級 *А*), тем (比較級 *Б*) *А* であればあるほど *Б* だ (練 13)

чéрез 〔前置詞〕(+対) …後 (10)；…を通して (練 18)

чёрный 黒い (練 6)

чéстно 正直に（発音 чé[сн]о）(18)

четвéрг 木曜日 (15)

четвёртый 第 4 の；4 番目の (練 7)

числó 数；日にち

чи́сто 純粋に (15)

чи́стый 純粋な (15)

читáемый よく読まれている (18)

читáтель 読者 (20)

читáть[(1)] …を読む；読書する (2)

что 何が；何を（発音 [ш]то），〔名詞節を導く接続詞〕…ということ (2)

　　чтó ли? …なのかな?〔疑念〕(練 12)

　　чтó это такóе? これはいったい何か (練 2)

　　что ты! 〔驚きや呆れを表す間投詞〕(17)

чтóбы 〔仮定法をなす接続詞〕…するように（発音 [ш]тóбы）(15)

чýвствовать[(1)]（чýвствую, чýвствуешь）〖不完〗感じる（発音 чý[ств]овать）(10)

чуть-чýть ちょっとだけ (11)

Ш

шампáнское スパークリングワイン (17)

шáпка （つばのない）帽子；キャップ (練 11)

шестóй 6 番目の (14)

шкóла 学校 (練 7)

шýмно 〔無人述〕うるさい；騒々しい (16)

Э

экзáмен 試験 (7)

экскýрсия 見学；遠足；エクスカーション (16)

электри́ческий 電気の；電動の (6)

этáж 階（生 этажá）(練 14)

э́то （⇒表 **1.3**）これは；それは (1)

　　э́то говори́т… （電話で）こちらは…です (15)

э́тот この…（⇒表 **1.3**）(3)

Ю

юг 南 (発)

Ю́рий И́горевич ユーリー・イーゴレヴィチ（男性の名・父称）(1)

Я

я 私は（⇒表 **1.1**）(2)

явля́ться[1]〖不完〗(+造) …である (練 20)

язы́к 言語（生 языкá）(2)

янвáрь ［男］1 月（生 января́）(16)

япóнец 日本人（生 япóнца）(2)

Япóния 日本 (7)

япóнка 日本人の女性 (7)

япóнский 日本の；日本語の (5)

著 者

古賀義顕（こが よしあき）

東海大学国際教育センター教員，ロシア語学専攻
1969年生まれ。東京外国語大学ロシヤ語科卒業，東京大学文学部言語学科卒業，東京大学大学院修士・博士課程修了；博士（文学）
訳書：ボリス・グロイス『全体芸術様式スターリン』（共訳，現代思潮新社）他

鴻野わか菜（こうの わかな）

早稲田大学教育・総合科学学術院教員，ロシア文学ロシア文化専攻
1973年生まれ。東京外国語大学ロシヤ・東欧語学科卒業，東京大学大学院修士・博士課程修了；博士（文学），ロシア国立人文大学大学院修了；Ph.D
著書：『都市と芸術の「ロシア」—ペテルブルク，モスクワ，オデッサ巡遊』（共著，水声社）他
訳書：レオニート・チシコフ『かぜをひいたおつきさま』（徳間書店）他

ロシア語校閲

Панина, Анна Сергеевна（アンナ・パーニナ）

ロシア科学アカデミー東洋学研究所（Институт востоковедения РАН）研究員，言語学・日本語学専攻
1976年生まれ。ロシア国立人文大学卒業，ロシア科学アカデミー東洋学研究所大学院修了；Ph.D
訳書：国広哲弥『理想の国語辞典』（Кунихиро Тэцуя. Идеальный толковый словарь. URSS; Либроком: Москва, 2009）他

ロシア語の教科書　第2版

2012年 1月19日	初版第1刷刷発行
2016年11月17日	第2版第1刷発行
2024年 4月 1日	第2版第5刷発行

著　者　　古賀義顕・鴻野わか菜
発行者　　紙谷直機
発行所　　株式会社ナウカ出版
　　　　　〒354-0024　埼玉県富士見市鶴瀬東 1-5-13, 102
　　　　　電話・ファックス　049-293-5565
　　　　　Email: kniga@naukapub.jp
　　　　　http://www.naukapub.jp
印刷所　　シナノパブリッシングプレス

© Yoshiaki Koga & Wakana Kono 2016
Printed in Japan　　ISBN978-4-904059-41-8　C3887
定価はカバーに表示してあります。